Ilse Gutjahr

… einfach raffiniert!

Neue Vollwertrezepte –
schnell, lecker & gesund!

Ilse Gutjahr

... *einfach raffiniert!*

Neue Vollwertrezepte – schnell, lecker & gesund!

Keines der in diesem Buch abgebildeten Gerichte ist mit Kunstharz besprüht, eingefärbt, synthetisch nachgebildet oder anderweitig behandelt worden. Alle Speisen wurden frisch zubereitet, fotografiert und danach mit Genuss verzehrt!

ISBN 978-3-89189-099-8
6. Auflage, 2017
© 2002 by emu Verlags-und Vertriebs-GmbH, Lahnstein
Alle Rechte, auch die des auszugsweisen Nachdrucks,
der Verbreitung in elektronischen Medien
und der Übersetzung vorbehalten.

Umschlaggestaltung: Martin Gutjahr-Jung
Fotos: Martin Gutjahr-Jung
Gesamtherstellung: Kösel, Krugzell

… denn es sind selbst die gemeinsten und scheinbar hausgebackensten unserer zahlreichen Kochbücher nichts weiter als kleine Winkelinstitute der Schlemmerei, in denen wenig von dem die Rede ist, was jede gute Hausmutter oder jeder andere Vorsteher einer Haushaltung eigentlich zu wissen bedarf … Diese Kochbücher nun, oder besser diese planlosen Anhäufungen von allerlei häufig höchst widersinnigen Vorschriften, haben sämtlich die Tendenz, die National- und Provinzialgerichte zu verdrängen, welche doch stets in der Volks- und Landesart begründet, und fast ohne Ausnahme schmackhaft und nahrsam sind.

Geist der Kochkunst, 1822
Karl Friedrich von Rumohr

Einfach raffiniert

Müssen wir zu Hause unbedingt die Spezialitäten der Luxusrestaurants nachahmen? Nein, müssen wir nicht. Dafür gibt es Fachleute, gelernte Köche, die den Glanz des Könnens ruhig für sich einstreichen dürfen. Gelegentlich besuchen wir sie und gehen essen … um hinterher festzustellen, was wunderbar war, was wir zu Hause anders (und vielleicht sogar besser?) gemacht hätten …
Aber schön war es, einmal verwöhnt zu werden und dies und das abzugucken. Also ein Lob auf die hohe Küchenkunst und zurück aus den Wolken auf den Boden der Tatsachen. Und der heißt alle Tage: Wie bereite ich am besten „unser täglich Brot" zu? Kann ich Zeit und Geld sparen? Sieht das Essen gut aus? Vor allen Dingen: Schmeckt es gut? Ist es gesund und abwechslungsreich? In diesem Sinne wünsche ich Ihnen einfach raffinierte Ideen für Ihre Küche – und guten Appetit mit den folgenden Rezepten.

Ihre
Ilse Gutjahr

Inhalt

Liebe Leserin, lieber Leser 9
Keine Zeit für Gesundheit? 11
Frühstück und mehr 13

Frischkorngericht für einen guten Start in den Tag

Bewährtes Standardrezept – für jeden
    bekömmlich 15
Frischkorngericht mit
    gekeimtem Getreide 15
Unser Sonn- und Feiertagsfrühstück ... 17
Kennen Sie diese Getreidesorten? ... 18
Das Märchen vom
    ungesunden Getreide 20
Man soll schmecken, was man isst ... 22
Frischkost voraus 23
Allgemeine Hinweise 24

Salate und Dressings

– Essig-Öl-Dressing 27
– Kräutersoße 28
– Sauerkraut vom Fass 28
– Rote-Bete-Salat 29
– Tomaten-Gurken-Salat 29
– Fenchel – Orange 30
– Avocado-Tomaten 30
– Weitere Frischkostzubereitungen .. 31
– Gewürze 32
– Sie haben überhaupt keine Zeit,
   Frischkost zuzubereiten? 32
– Vorratshaltung 32
– Von Erdäpfelschnitzen und
   Erdäpfelbitzli 34

Warme Mahlzeiten

– Dicke weiße Bohnen 35
– Bohnen-Kartoffel-Suppe 36
– Grüne Bohnen mit Steinpilzen ... 37
– Auberginenscheiben, gebraten 38
– Blumenkohl in pikanter
   Zitronensoße 39
– Blumenkohlauflauf 40
– Brennesselsuppe 41
– Brotsuppe 41
– Frische Gemüsesuppe 42
– Grünkernsuppe 43
– Hirse pikant 43
– Kohlrabi im Sahnebett 44
– Linsen pur 44
– Linsensuppe 45
– Maiskolben................... 46
– Maronen..................... 46
– Honig-Sesam-Butter 46
– Nudeln mit Pfifferlingen........ 47
– Pfifferlinge, schnell aus der Pfanne 47
– Polenta 49
– Buntes Gemüse, so nebenbei
   gemacht 49
– Reispfanne 50
– Rosenkohl in Honigmandeln 51
– Rotkohl 52
– Sauerkraut 52
– Schwarzwurzeln in Sahne 53
– Selleriescheiben, gebraten 53
– Spaghetti mit Kräuterpesto...... 54
– Spaghetti mit Tomatensoße 55
– Spaghetti/Tagliatelle mit Zwiebeln 56
– Spargel 56
– Südtiroler Pizza 58
– Verlegenheitspizza............. 59

- Tomatensuppe 61
- Tomaten-Frucht-Suppe Elija 61
- Zwiebelsuppe 62

Kartoffelgerichte

- Kartoffelbrei 63
- Pankraz der Schmoller
  von Gottfried Keller 64
- Rosmarinkartoffeln 64
- Kartoffelpfanne mit Aprikosen ... 66
- Kartoffel-Dinkel-Klöße mit
  Zwetschgen 67
- Kartoffelsuppe 68
- Sesamkartoffeln mit Honig 68

Bratlinge

- Einfache Gemüsebratlinge 71
- Bohnen-Linsen-Bratlinge 72
- Mohrrüben-Bratlinge 73
- Reisbratlinge 73

Pikante Soßen

- Feurige Chilisoße 74
- Pikante Tomatensoße 75
- Grundsoße für warme Gerichte ... 75

Brotaufstriche

Pikante Brotaufstriche
- Knoblauchbutter 77
- Roter Brotaufstrich 77
- Kräuterbutter 78
- Sesambutter 78
- Zwiebelbutter 78

Fruchtaufstriche

- Orangenmarmelade 80
- Orangeat/Zitronat 80
- Tiefkühlung 80

Backen mit Vollkornmehl

Der Bachofen von Peter Rosegger ... 83
Althergebrachtes und Bewährtes 89
- Einfaches Fladenbrot nach
  Nomadenart 90
- Sonntagsfladen für Feinschmecker 90
- Vollkornbrötchen aus Südtirol ... 91
- Erikas Dinkelbrötchen 91
- Leilas Sesamringe 93
- Schnelles Dinkel-Buchweizen-Brot 94
- Roggen-Mischbrot 94
- Besondere Backtipps 96
- Ulmer Gewürzkuchen 98
- Zwetschgenkuchen mit Nuss 98
  Obstboden – ganz einfach 99

Eingemachtes – Vorratswirtschaft leicht gemacht

- Senf 101
- Gemüsebrühe 101
- Kräutersalz 102
- Saure Gurken 103
- Senfgurken 105
- Salzgurken 105
- Sauerkraut im Fass 106
- Tomaten in Olivenöl 107
- Knoblauch in Öl 108
- Paniermehl 108
- Geröstete Brotwürfel 108
- Hagebutten mit Honig 108

Schlusswort 109

Liebe Leserin, lieber Leser,

„Essen mit Genuss" gehört zweifellos zu den schönen Dingen des Lebens. Ich meine aber, langes Werkeln in der Küche ist nur in Ausnahmefällen angebracht.
Mit diesem Buch haben Sie Anleitungen für eine einfache und doch köstliche Ernährung in der Hand. Ich biete Ihnen keine exklusiven Menüs an, aber Gutes, Brauchbares „für alle Tage". So leben wir! Die Mahlzeiten können ohne großen finanziellen und zeitlichen Aufwand „ganz nebenbei" gemacht werden.

Kommen Sie mit auf die Reise ins Normale! Sie werden dabei nicht verhungern, sondern neuen Spaß an gutem Essen, alten Bräuchen und unkompliziertem Leben entdecken.

Wer weiß heute noch, dass von vielen Lebensmitteln tatsächlich alles genießbar ist und verwendet werden kann? Zum Beispiel vom Kohlrabi, Blumenkohl oder Radieschen nicht nur das allbekannte Gemüse, sondern auch das Blatt? Das war keine Lösung in Notzeiten und Kriegsjahren, sondern genussvolle Selbstverständlichkeit.

Wer kennt noch den Brauch, ein Brot selbst zu backen und es vorher mit einem eingeschnittenen Kreuz zu versehen und dafür zu danken? Wer kann überhaupt noch Brot backen?

Wer isst heute noch freiwillig ein einfaches Butterbrot? „Butterbrot ist tot" nannte McDonald's eine seiner meterhohen Werbeaktionen im Jahr 2002 … Man muss nicht fromm und gottesfürchtig sein, um darin eine Verachtung von Natur und natürlicher Ernährung zu erkennen.
Ich danke meinem Mann Mathias und unserem Sohn Martin. Beide haben mich ermuntert, dieses Buch zu schreiben.

Wenn Sie mit diesem Buch ein wenig Lust auf ein „normaleres" Leben bekommen, freue ich mich. Sie werden merken: Einfacher leben bedeutet nicht Verzicht auf Genuss!

Ihre
Ilse Gutjahr

Keine Zeit für Gesundheit?

Wir, mein Mann Mathias Jung und ich, arbeiten, wohnen und leben im Gesundheitszentrum „Dr.-Max-Otto-Bruker-Haus" in Lahnstein auf der Höhe bei Koblenz. Es geht in den meisten Wochen des Jahres bei uns zu wie in einem Taubenschlag. Mehrere tausend an Gesundheitsfragen interessierte Menschen besuchen jährlich unser Haus – Seminarteilnehmer, Patienten, Zuhörer der Vorträge, Teilnehmer der Koch- und Backkurse. Viele suchen auch einfach per Brief oder Telefon bei uns Rat für „Leib und Seele". Es zeigt deutlich, wie nötig unsere Arbeit gerade in der heutigen Zeit ist. Die Menschen sind größtenteils verunsichert und verwirrt angesichts einer Vielzahl von Ratgebern, „Gesundheits"- und Ernährungstipps und schwierig einzuschätzenden „Expertenmeinungen".

Als Argument gegen eine vitalstoffreiche Vollwertkost wird oft vorgebracht: *Zu teuer … Zu zeitaufwendig … Wir sind berufstätig. Da muss es schnell gehen – vor allem morgens … Ja, aber ich habe gehört, dass Vollkorn nicht besonders gesund ist …* Besonders der letzte Punkt wird zur Zeit wieder einmal hochgespielt.

Wir sind beruflich sehr eingespannt. Trotzdem oder gerade deshalb essen wir jeden Morgen das Frischkorngericht. Es ist in 10 Minuten fertig und die beste Grundlage für den Tag. Gut angerichtet mit Obst, Sahne, Nüssen hält es bis mittags vor. Dr. Bruker sagte seinen Patienten und den hunderttausenden Besuchern seiner zahllosen Vorträge: *Wenn Sie keine Zeit und Gelegenheit haben, eine vollwertige Ernährung einzunehmen, essen Sie wenigstens täglich den Frischkornbrei. Das ist die Basis. Darin sind die Vitalstoffe in optimaler Form enthalten. Es ist gleichgültig, zu welcher Tageszeit Sie ihn zu sich nehmen.*

Uns passt es morgens am besten. Mathias liebt morgens einen Kräutertee. Auch das geht schnell. Pfefferminze, Salbei, Rosmarin, Thymian. Alles haben wir frisch im Garten und das ganze Jahr über auf dem Fensterbrett in der Küche in einem Kräuterkasten. So ist der Weg in den Garten oder regnerisches Wetter keine Ausrede, täglich auf frisches Grün zu verzichten.

◊ schnelle Verlegenheitspizza, siehe Seite 59

Der Schweizer Schriftsteller Jeremias Gotthelf (1797–1854) hatte Freude an volkskundlichen historischen Erzählungen und Schilderungen der Sitten und Bräuche seines Landes.

Das Alltagsfrühstück bestand demnach je nach Hof aus: *Suppe, Brei, Milch und Brot, Suppe und Kraut, Erdäpfelsuppe und schlecht gekochtem Kraut, Kaffee, Milch und Brot, Brot und Erdäpfelbitzli, Erdäpfeln und Milch, Erdäpfelbitzli oder Rösti.*

Wer eine schwere Fahrt vor sich hat, wird nicht mit etwas Gewärmtem abgespiesen oder einem dünnen Kaffee oder gar bloß mit einem Glas Brönz, sondern wenigstens eine gute Rösti, wenn nicht ein Eiertätsch, wird ihm vorgesetzt.

Essen und Trinken bei Jeremias Gotthelf
Hans Riedhauser

Frühstück... und mehr

Frische

Fröhlichkeit

Frühaufsteher... oder nicht

Frischkornbrei

Frischkornmüsli

Frischkorngericht

Frische Brötchen

Frische Früchte

Frühstück

nicht weniger und nicht mehr...

... aber auf jeden Fall alles frisch!

Frischkorngericht für einen guten Start in den Tag

Bewährtes Standardrezept – für jeden bekömmlich

Das tägliche Frischkorngericht wird aus Roggen, Weizen oder einer anderen Getreideart (auch Getreidemischung) hergestellt. Dazu werden 3 Esslöffel (etwa 50 g) Getreide in einer Getreidemühle, in einem Mixapparat oder einer Kaffeemühle grob geschrotet. Das Mahlen muss jedes Mal frisch vor der Zubereitung vorgenommen werden. Nicht auf Vorrat mahlen!
Dabei spielt es keine Rolle, ob die Getreidemühle mit Mahlsteinen oder einem Stahlmahlwerk arbeitet.
Das gemahlene Getreide wird mit ungekochtem, kaltem Leitungswasser zu einem Brei gerührt und 5–12 Stunden bei Zimmertemperatur stehen gelassen (nicht in den Kühlschrank stellen!). Die Wassermenge ist so berechnet, dass nach der Quellung nichts weggegossen zu werden braucht. Nach 5–12 Stunden wird dieser Brei tischfertig gemacht durch Zusatz von frischem Obst (je nach Jahreszeit), Saft einer halben Zitrone (eventuell gelegentlich 1 Teelöffel Honig), 1 Esslöffel Sahne (oder mehr) und geriebenen Nüssen.
Solange verfügbar, sollte man immer einen Apfel hineinreiben und sogleich untermischen, bevor er braun wird. Der geriebene Apfel macht den Frischkornbrei luftig und wohlschmeckend.

Es ist ohne Belang, zu welcher Tageszeit dieses Gericht gegessen wird.

Bitte nicht mit Milch oder Sauermilch anrichten. Magen-Darm-Empfindliche können darauf mit Unbekömmlichkeit reagieren.

Frischkorngericht mit gekeimtem Getreide

Auch diese Zubereitungsart ist zu empfehlen. Dafür werden 3 Esslöffel Getreide über Nacht (etwa 12 Stunden) mit ungekochtem Wasser eingeweicht. Am Morgen werden die Körner in einem Sieb mit frischem Wasser gespült. Tagsüber bleiben sie trocken stehen. In der zweiten Nacht noch einmal einweichen, am nächsten Morgen wieder spülen. Dieser Vorgang wird so lange fortgesetzt (im Durchschnitt 3 Tage), bis die Körner keimen und die Keimlinge ca. 2–3 mm lang sind.
In der Keimzeit soll das Getreide bei Zimmertemperatur stehen, also nicht zu kalt und nicht zu warm.
Das gekeimte Getreide kann, wie beim Frischkorngericht angegeben, mit frischem Obst, Sahne und Nüssen zubereitet werden.

Es sollten keine Getreidesorten gemischt werden, weil sie unterschiedlich lange Keimzeiten haben.

Getreide einweichen oder nicht?
Oft werden wir gefragt, ob das geschrotete Getreide unbedingt eingeweicht werden muss.

Das Schroten und Einweichen empfiehlt sich, weil die meisten Menschen keine gesunden Zähne mehr haben. Das eingeweichte (also weich gewordene) Getreide kommt dem entgegen. Es findet außerdem eine enzymatische Veränderung statt – eigentlich eine Vorstufe des Sauerteigs. Wer noch gründlich kauen kann und dies auch tut, kann auf das Einweichen verzichten. Aber wer hat noch 32 gesunde Zähne? Und wer nimmt sich die Zeit, so gründlich zu kauen?

Wer eine Flockenquetsche hat, kann das Getreide unmittelbar vor dem Verzehr quetschen und mit Obst, Sahne, Nüssen zubereiten. Hafer eignet sich dafür besonders gut.

Die meisten Kinder lieben gequetschte Getreideflocken!

Es ist aber ein Ammenmärchen, dass gequetschte Flocken oder mit Mahlsteinen gemahlenes Getreide gesünder seien als mit Stahlmahlwerk zubereitetes. Aus Werbegründen für diese oder jene Mühle finden sich manchmal derartige Aussagen.

Die Qualität des Getreides hängt vom biologischen Anbau ab und – ganz wichtig! – von der Keimfähigkeit. Nur das lebendige, keimfähige Korn enthält noch alle biologischen Wirkstoffe (Vitalstoffe).

Tipp

Machen Sie hin und wieder eine Keimprobe (s. o. Frischkornrezept). Wenn das Getreide nicht keimt, bringen Sie es zum Händler zurück.

Unser Sonn- und Feiertagsfrühstück

An manchen Sonntagen nehmen wir uns Zeit für ein ausgedehntes, reichliches Frühstück. Dadurch entfällt dann das Mittagessen.
Manchmal sagen uns Menschen: „Am Wochenende essen wir keinen Frischkornbrei. Dann gönnen wir uns frische Brötchen vom Bäcker."
Ja, schmeckt das Frischkorngericht bei ihnen denn so grausig, dass sie sich am Wochenende davon erholen müssen?

Was gönnen wir uns?

– Frischkorngericht (natürlich auch sonntags!)
– Frische Brötchen, s. S. 91
– Zwiebelbutter (esse ich sehr gern) oder einen anderen pikanten Aufstrich, s. S. 77
– Käse oder ein gekochtes Ei (isst Mathias sehr gern)
– Marmelade, s. S. 79
– Oliven mit Mandeln
– Tomaten in Olivenöl, s. S. 107
– saure Gürkchen, s. S. 103
– frische Gurken/Tomaten – je nach Jahreszeit
– Honig
– Kräutertee

Kennen Sie diese Getreidesorten?

Weizen

Roggen

Gerste

Hafer

Hirse

Reis

Mais

Dinkel ist eine „Urform" des Weizens

Buchweizen (ist kein Getreide, sondern ein Knöterichgewächs, aber nahrhaft und lecker zuzubereiten).

Grünkern ist ebenfalls Dinkel, wird aber in der Halbreife (also noch grün) geerntet und danach gedarrt. Grünkern ist durch den Darrprozess nicht mehr keimfähig, aber wegen seines würzigen Aromas für die Zubereitung warmer Speisen, Aufläufe, Suppen und auch Brotaufstriche sehr geschätzt.

Das Märchen vom ungesunden Getreide

oder

Vom Wissen, das verloren geht

In den 25 Jahren meiner Zusammenarbeit mit Dr. med. Max Otto Bruker verging nicht ein einziges Jahr, in dem nicht in der Presse vor natürlichen Lebensmitteln und besonders dem Verzehr von Vollgetreide gewarnt wurde. Die erste Kampagne gegen den Frischkornbrei erlebte ich 1978. Man warnte vor dem Verzehr, da angeblich dadurch Krebs entstehen könne. Ein sensationslüsterner Journalist hatte dieses Märchen erfunden. Es war ihm musterhaft gelungen, Menschen zu verunsichern. Plötzlich schrieben Patienten an Dr. Bruker, sie seien entsetzt, denn seit mehr als 20 Jahren verzehrten sie bei bester Gesundheit täglich das von ihm empfohlene Frischkorngericht. „Das können wir jetzt aber nicht mehr riskieren."

Ein Landwirtschaftsminister empfahl in den achtziger Jahren, nur noch Brot aus Auszugsmehl zu backen, da die Randschichten des Getreides zu viele Schadstoffe enthielten. Dass diese auch in Fleisch, Wurst, Milch und anderen Nahrungsmitteln vorkommen, erwähnte er nicht.

In den letzten Jahren geistern nun Warnungen vor Vollgetreide durch die Medien, weil es Phytin enthalte, das die Mineralstoffverwertung gefährde, weil im Getreide gefährliche Fraßschutzstoffe und Lektine vorkommen, weil durch den Verzehr von Vollgetreide Zöliakie entstehen kann, weil es nicht vertragen wird, weil, weil, weil ... Es wird nichts unversucht gelassen, natürliches Essen abzuwerten und die Nahrung aus den Fressmaschinen der Nahrungsmittelindustrie als normal darzustellen und anzupreisen.

Wertvolles Wissen über die Entwicklungsgeschichte der Ernährung geht verloren, denn auch auf Kindergärten, Schulen und Universitäten haben Nahrungsmittelkonzerne Zugriff, indem sie gezielt Falschinformationen verbreiten.

Lassen Sie sich nicht verunsichern. Getreide gibt es schon seit mindestens zehntausend Jahren als Kulturgetreide. Davor wurde es von Naturvölkern in Form von Samen aus Wildgräsern gesammelt und verzehrt. Sie hätten sonst schwerlich überleben können.

Krankmachendes, entwertetes Auszugsmehl ist jedoch eine junge Erfindung. Erst seit etwa hundert Jahren wird es durch die Nahrungsmittelindustrie als Massenware verbreitet. Parallel ging der Verzehr der Fabrikzuckerarten und damit verbunden der steile Anstieg der ernährungsbedingten Zivilisationskrankheiten.

Kritiker bestreiten immer wieder, dass Getreide seit Generationen auch in unerhitzter Form verzehrt wurde. Ralph Bircher schreibt bereits 1952 über das Bergvolk Hunsa in Asien im Himalajatal: *Es wird ... einiger Mais angebaut, obwohl er in dieser Bergeshöhe nicht mehr reif wird, und dass die Maiskolben ausschließlich in milchiger Vorreife gegessen werden und in dieser Weise beliebt sind ... Dasselbe gilt für den interessanten Brauch, das Korn im Frühjahr auskeimen zu lassen, indem man es in feuchten, warmen Sand legt und als Keimling-Saat genießt ... entscheidend ist die gewöhnliche Form der Brotnahrung ... Sie besteht aus dünnen Teiglappen, die auf einem Rost kaum mehr als ein Momentchen (Lorimer schrieb sogar einmal von Sekunden) der Erhitzung ausgesetzt werden, gerade lange genug, um warm zu sein und nicht mehr roh zu schmecken.*

Über die Ur-Bevölkerung auf den Kanaren berichtet Bircher: *Gofio ist eine Art Mehl, das aus leicht gerösteten Körnern von Weizen und Mais hergestellt wird. Es bildet zu ungekochten Gerichten verarbeitet die Hauptnahrung großer Bevölkerungsschichten auf den kanarischen Inseln und in Indien. Dort wird es in ungekochtem Zustand, entweder mit Wasser, frischer Milch oder zerdrückten Früchten zubereitet, an Stelle des Brotes zu allen Mahlzeiten genossen. Seltener wird der Gofio zu gekochten Speisen verwendet.*

Die Berichte könnten fortgesetzt werden. Zum Beispiel über die Nomaden, die sogar für Säuglinge unerhitzte Hirse vorkauen, wenn das Kleinkind nicht mehr genug Muttermilch bekommt.

Aber so weit wollen wir es nicht treiben. Tatsache ist, dass Dr. M. O. Bruker das „Bircher-Müsli" und später das „Kollath-Frühstück" – beides aus unerhitztem Getreide zubereitet – in seinen Behandlungsplan als Frischkornbrei/Frischkorngericht übernommen hat. Er war in der Bundesrepublik der erste Arzt, der in den von ihm geleiteten Krankenhäusern konsequent vitalstoffreiche Vollwertkost durchführte und den Erfolg über sechs Jahrzehnte in Klinik und Praxis an zehntausenden Patienten beobachten konnte.

Gern zitierte er den Arzt Hahnemann:

„Macht's nach, aber macht's genau nach."

Dies gilt ganz besonders im Ernährungsbereich.

Die größte Zahl der Menschen stirbt keines natürlichen Todes, sondern mordet sich selbst durch verkehrte Lebensweise.

Seneca

Man soll schmecken, was man isst

Das Wort Mahlzeit (Leider hört man kaum noch den Wunsch „Gesegnete Mahlzeit") soll von Mahl-Zeit, Zeit zum Mahlen (des Getreides), kommen. Wenn dies wirklich stimmt, wird dadurch wieder einmal deutlich, welchen Stellenwert das Getreide für die menschliche Ernährung seit jeher hatte.

In seinem Kochbuch *Geist der Kochkunst* schreibt Karl Friedrich Freiherr von Rumohr: *Überall, wo man der Schminke gebraucht, fehlt es an der Wesenheit.* Er lobte die *gesunde Volksküche*, die Urküche, den Salat, der noch nach dem Salatblatt schmeckt und nicht von täuschenden Soßen überfrachtet wird. Man sollte nach seiner Auffassung noch schmecken, was man isst. Er schimpfte auf den *Allerweltsklatsch* der französischen Küche und deren Nachahmer und fand das *Volksmäßige* der italienischen Küche in den einfachen Trattorien lobenswert. Rumohr: *Die neueren deutschen Kochbücher sind leider meist bloße Nachäffungen der französischen … Mögest du* (lieber Leser, I. G.) *künftig an dem feinen Aroma leicht zu erzielender Küchenkräuter, an der guten und gut bereiteten Qualität deiner Landesprodukte ein recht inniges Gefallen erwerben. Du würdest hierdurch einem wichtigen Zweige des deutschen Kunstfleißes aufhelfen, dabei höchstwahrscheinlich dich selbst ungleich besser befinden als bisher.*

Was würde Freiherr von Rumohr sagen, ginge er in einen der heute üblichen „Fresstempel" oder müsste er im Supermarkt einkaufen? Über die römische Küche urteilte er jedenfalls damals schon: *… Sie war in der Tat schon, als Horaz schrieb, im Begriffe, die natürliche Bestimmung der essbaren Dinge zu verkennen und überall in tote, übereinkömmliche Zurichtungen zu verfallen … Als aber Coelius Apicius um zwei Jahrhunderte später jenes Kochbuch verfertigte … da schien es der Gipfel der Kunst zu sein, den Charakter jeglicher Speise durch Mischung und Verarbeitung zu vernichten.*

Karl Friedrich Freiherr von Rumohr lebte von 1785 bis 1843. Er war ein merkwürdiger Mann und führte ein am Ende wohl zu preisendes Leben. Ein Dilettant, wie von Goethe geschätzt! Ihn ergötzten noch die Geschäfte, die er sich auflud. Fast war er ein Poet, zu seinem Vergnügen ein Schriftsteller. Doch wie ein professioneller Literat wusste er um die Vergeblichkeit des Strebens. Das gab ihm eine artige Melancholie. Aus seinem Stand war er, was jedermann gern wäre, wohlgeboren, reich, unabhängig, gebildet, ein Gelehrter aus tätiger Muße … Nachruhm verlieh Rumohr allein sein Kochbuch, es hat ihn bei Literaturfreunden unsterblich gemacht.
                            Wolfgang Koeppen

Frischkost voraus

Wer die Literatur des Arztes Dr. M. O. Bruker (1909–2001) kennt, dem brauche ich über Frischkost nichts zu erzählen. *Frischkost voraus,* lautet eine seiner Empfehlungen. Die andere: *Für den Gesunden sollte die tägliche Nahrung mindestens ein Drittel Frischkost enthalten. Dazu gehören das tägliche Frischkorngericht und vor den gekochten Mahlzeiten Salate.* Für die ideale, vielseitige Frischkost gilt sein Rat: *Zwei über und zwei unter der Erde gewachsene Gemüsesorten sowie Blattsalat und das tägliche Frischkorngericht.*

Dr. Bruker betont immer wieder den hohen Stellenwert der Frischkost – auch in der ärztlichen Therapie. Er rät aus jahrzehntelanger ärztlicher Erfahrung gerade Kranken (wenn es sich um ernährungsbedingte Zivilisationskrankheiten handelt), phasenweise reine Frischkost zu essen. *Und wer will,* so Bruker, *kann ausschließlich von Frischkost leben, wenn er sie richtig zubereitet ... Die Frage der Ernährung muss in jedem Fall individuell entschieden werden.*

Es steht also jedem frei, den täglichen Frischkostanteil zu erhöhen. Das Wunderbare an „meinem Chef" war, dass er aus seinen Empfehlungen kein Dogma machte, sondern jedem die Freiheit ließ, selbst zu entscheiden. Er klärte in großer Toleranz auf. Übertriebener *Gesundheitsfanatismus,* so Bruker, *wirkt auf andere Menschen abstoßend und trägt nicht zur Verbreitung einer großartigen Idee bei ... Fanatismus schadet nur.*

Dr. M. O. Bruker: *Das Verhältnis des Frischkostanteils zur Gesamtnahrungsmenge ist abhängig von dem Grad des Gesundheitswunsches des einzelnen. Je mehr Frischkost, um so größer ist die vorbeugende und heilende Wirkung. Bei bestimmten Erkrankungen und bei besonders schweren Krankheitsformen kann es nötig werden, für eine gewisse Zeit reine Frischkost zu genießen. Die Dauer der strengen Frischkostzeit richtet sich nach der Art und Schwere der Erkrankung und nach ihrem Verlauf. Im allgemeinen gilt die Regel, je schwerer die Krankheit, um so natürlicher die Nahrung.*

Für denjenigen, der sich noch für einigermaßen gesund hält und der noch keine sichtbaren und feststellbaren Krankheitserscheinungen aufweist und der sich aus vorbeugenden Gründen „gesund" ernähren will, mag es genügen, wenn etwa ein Drittel der Nahrung aus Frischkost besteht. Diese Regel ist natürlich ungenau und entspricht der ebenso allgemeinen, aber häufig gestellten Frage, wieviel Frischkost „man" essen soll. Denn der Mensch, der sich gesund fühlt und bei dem noch keine krankhaften ernährungsbedingten Schäden nachweisbar sind, kann doch bereits erhebliche krankhafte Veränderungen in sich tragen. Zum Beispiel kann ein Gallensteinträger völlig beschwerdefrei sein; der Stein ist aber durch die gesündeste Ernährung nicht mehr rückbildungsfähig. Auch die dem Herzinfarkt vorausgehende Veränderung kann sich dem Nachweis bis zum Eintritt des einschneidenden Ereignisses entziehen. Deshalb ist es eigentlich nicht richtig, wenn man den Gütegrad der Nahrung vom augenblicklichen Befinden abhängig macht.

Mit der Frischkost wird der Gehalt an allen biologischen Wirkstoffen (Vitalstoffen) garantiert. Falls die Mahlzeit auch gekochte Bestandteile enthält, soll die Frischkost auf alle Fälle zuerst gegessen werden.

Damit haben Sie, liebe Leser, Bruker-Originalton gelesen. Nun ist es an Ihnen, ob Sie seine Erfahrungen für sich anwenden.

Allgemeine Hinweise

Als *Öle* sollten grundsätzlich nur Öle der Erstpressung (sogenannte kaltgepresste, nicht raffinierte) verwendet werden.

Vitamin A und Mohrrüben. Immer wieder wird die Auffassung vertreten, Mohrrüben müssten mit Fett angerichtet werden, damit das Provitamin A in Vitamin A umgewandelt werden kann. Die Umwandlung erfolgt nicht auf dem Teller, sondern in unserem Organismus. Es spielt keine Rolle, zu welchem Zeitpunkt Fett gegessen wird. Wichtig ist, dass überhaupt naturbelassene Fette verzehrt werden. Sie können die Mohrrübe also „ohne alles" verzehren, die Wirkstoffe werden voll ausgenutzt.
Babies, die etwas Mohrrübensaft bekommen, entwickeln eine wunderbare Gesichtsfarbe – wie aus der Sommerfrische! Der Saft enthält aber nicht das nötige Fett, sondern die Muttermilch (oder Ersatznahrung, falls nicht gestillt werden kann), die im Laufe des Tages (oder nachts) getrunken wird! Der Schöpfer ist allemal schlauer als Laborparameter (und deren Experten)!

Kochsalz wird im Frischkostanteil nur sparsam oder gar nicht verwendet. Es ist kein Gewürz. Für den Organismus notwendiges Mineralsalz ist in den Lebensmitteln (Gemüse, Obst) ausreichend enthalten. Jodiertes Salz ist zu meiden.

Essig muss Qualität haben. Sehr gern verwende ich Balsamessig (Balsamico). Aber achten Sie darauf, dass er keinen Fabrikzucker und Zusatzstoffe/E-Nummern enthält.

Waschen Sie Frischkost möglichst kurz unter fließendem Wasser. Nicht in Wasser einweichen. Gemüse und Salat werden vor dem Zerkleinern gewaschen.

Schälen von Obst und Gemüse entfernt keine Schadstoffe, sondern wichtige Vitalstoffe (Vitamine, Mineralien, Spurenelemente, Enzyme, ungesättigte Fettsäuren, Aromen, Faserstoffe). Nur bei wenigen Sorten ist die Schale ungenießbar. Also Kartoffeln immer mit der Schale kochen. Gurke, Apfel, Rettich, Mohrrübe usw. immer mit der Schale verzehren, denn die in der Schale enthaltenen biologischen Wirkstoffe benötigt die Leber, um etwa vorhandene Gifte auszuscheiden.

Für das *Frischkorngericht* wird das geschrotete Getreide grundsätzlich nur mit kaltem Leitungswasser angesetzt und bleibt bei Zimmertemperatur stehen. Auf keinen Fall Milch, Sauermilch, Saft o. a. nehmen, um Unbekömmlichkeit zu vermeiden.

Falls Sie eine *Getreidemühle* anschaffen möchten, wählen Sie eine robuste Maschine. In Mühlen mit Stahlmahlwerk können Sie auch Ölsaaten mahlen. Bei Mühlen mit Mahlsteinen wird das Mehl oft feiner und sie sehen schöner aus.
Für den Wert des Mehls ist nicht das Mahlwerk ausschlaggebend, sondern der biologische Anbau des Getreides und vor allen Dingen die Keimfähigkeit.

Die Rezepte enthalten kein Tiereiweiß. Wer infektanfällig ist oder Rheuma, sogenannte Allergien, Neurodermitis bzw. Hautausschläge hat oder Asthma, sollte Tiereiweiß meiden. Dazu gehören: Milch, Jogurt, Quark, Käse, Eier, Fleisch, Wurst und Fisch.

Abkürzungen:
EL = Esslöffel
TL = Teelöffel
MS = Messerspitze
Pr = Prise

Rezepte

Salate und Dressings

Am liebsten mögen wir in unserer Klein- und Großfamilie „ganz klare Salate", also nichts undefinierbar Gemixtes, sondern schlichte, einfache Blattsalate, dazu einzelne Gemüsesorten. Ein gutes Dressing rundet ab – übertönt aber nicht den individuellen Geschmack der Frischkost.

Apropos Dressing. Gönnen Sie sich einen guten Essig – keinen billigen! – und ein gutes kaltgepresstes, unraffiniertes Öl. Beides sollte dem Salat eine pikante Note (Milde) geben. Balsamicoessig zum Beispiel. Davon gibt es billige, mittlere und teure Sorten. Lesen Sie die Deklaration. Kaufen Sie keinen Essig, der Fabrikzucker (z. B. Karamelzucker) enthält oder E-Nummern. Da er sparsam verwendet wird, reicht der Vorrat wochenlang. Greifen Sie bitte, bitte zur besseren Qualität! Das zahlt sich aus. Der Salat schmeckt entsprechend gut.

Öle sollten Sie wechseln. In unserer Küche stehen, als Standard, ein gutes Sonnenblumenöl und Olivenöl aus Italien. Erste Pressung, nicht raffiniert. Ab und zu nehmen wir auch andere Sorten dazu, zum Beispiel Leinöl, Walnussöl, Mandelöl, Kürbiskern- oder Sesamöl.

Essig-Öl-Dressing

Zutaten für 2 Personen:

2 EL eines sehr guten Essigs, zum Beispiel ein alter Balsamico
6 EL Öl, kaltgepresst, nicht raffiniert
frische Kräuter nach Wunsch: Basilikum, Thymian, Salbei, Majoran, Petersilie, Schnittlauch, Maggikraut
Pfeffer, frisch gemahlen

Zubereitung:
Mit dem Schneebesen Essig und Öl verquirlen. Die zerkleinerten Kräuter und den frisch gemahlenen Pfeffer dazugeben.

Wer Essig nicht mag, wählt frisch gepressten Zitronensaft.

Reste vom Dressing im Schraubglas verwahren. Kühl stellen. Hält sich (fast) unbegrenzt. Es ist deshalb empfehlenswert, gleich eine größere Menge herzustellen.

Mögen Sie lieber eine Sahnesoße? Sie lässt sich schnell und unkompliziert zubereiten. Auch hier empfiehlt es sich der Einfachheit halber, die doppelte Portion zuzubereiten. Im Kühlschrank hält sie sich im geschlossenen Behälter mehrere Tage.

Kräutersoße

Zutaten für 2 Personen:

250 g Schmand
$^{1}/_{2}$ Tasse heißes Wasser
3 EL Sonnenblumenöl
1 TL Senf
1 MS Curcuma
1 MS Curry
$^{1}/_{2}$ TL Kräutersalz

Alle Zutaten mit dem Schneebesen in der angegebenen Reihenfolge verrühren.

Variation:
Grüne Gurken, saure Gurken, Tomaten, Paprika, säuerlicher Apfel in kleine Würfel schneiden und unter die o. g. Soße heben. Schmeckt gut zu Pellkartoffeln, aber auch zu einer Scheibe Vollkornbrot!

Sauerkraut vom Fass

Heute keine Zeit, einen Salat zu machen? „Keine Zeit" gilt nicht. Dann nehmen Sie doch Kraut aus dem „Fass". Kaltgepresstes Olivenöl oder Leinöl dazugeben (pro Person 1 EL), nach Belieben Kümmel.
Gut garniert, zum Beispiel mit Mohrrüben oder Tomaten, Gurken, Zwiebeln, Orangen, Trauben, haben Sie in wenigen Minuten eine appetitliche Frischkost auf dem Tisch.

Sie haben kein Sauerkraut im Fass?

Machen Sie es doch mal selbst! Das geht beinahe so einfach, wie saure Gurken einlegen. Die Gurken können Sie schon am nächsten Tag essen. Beim Sauerkraut müssen Sie allerdings sechs Wochen warten, bis es fertig ist – s. S. 106.

Rote-Bete-Salat

Die rote Knolle wird oft verschmäht, weil sie – roh gegessen – den meisten zu erdig schmeckt. Dabei ist sie ein sehr gesundes Wurzelgemüse.

Rote Bete und Äpfel, jeweils zur Hälfte fein reiben, gut mischen.
Zitronensaft und Öl dazugeben.
Gehackte Petersilie und fein geriebene Haselnüsse drüberstreuen.

Variation:
Pro Person 1 EL saure Sahne oder Schmand untermischen.
Oder geriebene Rote Bete mit Sauerkraut mischen.
Oder zu gleichen Teilen Rote Bete, Mohrrüben und Äpfel fein reiben.

Zur Zeit haben wir eine Tomaten- und Gurkenschwemme (ich schreibe dieses Kapitel im August). Also gibt es natürlich jeden Tag Tomaten und Gurken. Nicht nur, aber auch. Die Saison muss genutzt werden.

Tomaten-Gurken-Salat
wie wir ihn am liebsten mögen

Zutaten für 2 Personen:

1–3	Tomaten pro Person (je nach Größe und Appetit)
$1/2$	Salatgurke
1	Zwiebel, mittlere Größe
3 EL	Olivenöl
1 EL	Balsamico
1 Pr	Kräutersalz (übrigens selbst gemacht!)
	frisch gemahlener Pfeffer
	Basilikum, Thymian nach Geschmack

Zubereitung:
Tomaten und Gurken in Scheiben schneiden. Zwiebel fein würfeln oder in zarte Ringe schneiden. Die anderen Zutaten vorsichtig unterheben.

Variation:

$1/2$	Banane in Scheiben schneiden und zum Schluss unterheben.
	Oder
	einige Apfelwürfel dazugeben.
	Oder
$1/2$	Avocado würfeln und vorsichtig unterheben.

Fenchel – Orange

Zutaten für 2 Personen:

1   kleine Fenchelknolle
1   Orange
3 EL   Öl
   frisch gemahlener Pfeffer

Zubereitung:
Fenchelgrün entfernen. Wurzelansatz (Herz) herausschneiden. Beides aufheben.
Fenchel der Länge nach halbieren.
Fasern der äußeren Schale abziehen.

Fenchel sehr fein hobeln oder mit scharfem Messer in hauchdünne Scheiben schneiden. Orange schälen, in Stücke teilen, die Haut abziehen, so dass nur die Filets bleiben. Filets und Fenchel im Wechsel auf Teller anrichten und mit Öl beträufeln.

Mit frisch gemahlenem Pfeffer bestreuen.
Mit Fenchelgrün garnieren.

Tipp:
„Herz", restliches Fenchelgrün und harte Teile der Knolle für Gemüsebrühe im Kühlschrank sammeln, s. S. 101.

Avocado-Tomaten

Zutaten für 2 Personen:

1   Avocado
2   mittelgroße Tomaten
1 EL   Balsamicoessig
3 EL   Olivenöl
   Basilikum
   Pfeffer
   Kräutersalz

Zubereitung:
Avocado halbieren. Kern entfernen. Haut vorsichtig abziehen, so dass die Avocadohälfte erhalten bleibt.
Avocado mit Schnittfläche auf den Teller legen, mit scharfem Küchenmesser Streifen schneiden – längs oder quer.

Tomaten in Schreiben schneiden. Um die Avocado herumlegen.
Essig und Öl mit Schneebesen schlagen, so dass das Dressing sämig wird.
Über die Frischkost geben
Darüber frisch gemahlenen Pfeffer, eventuell ein Hauch Kräutersalz.
Mit Basilikumblättern dekorieren.

Weitere Frischkostzubereitungen

Folgende einfachen und praktischen Empfehlungen entnehme ich aus „Unsere Nahrung – unser Schicksal", emu-Verlag, 46. (!) Auflage. Dieses Standard-Bruker-Buch erscheint bereits seit rund fünf Jahrzehnten ohne Unterbrechung (früher unter dem Titel „Schicksal aus der Küche" in einem anderen Verlag). Es ist aktueller denn je. In jeder Ausgabe werden, wenn notwendig, Zahlen ergänzt. Die Inhalte sind jedoch nicht ergänzungsbedürftig, da die wahren Ursachen der ernährungsbedingten Zivilisationskrankheiten von Seiten der Schulmedizin und sogenannten Wissenschaft (aus wirtschaftlichen Gründen) immer noch verschwiegen werden.
Doch zurück zu den Frischkostvorschlägen aus dem oben genannten Buch.

Unter der Erde gewachsen

Schwarzwurzeln: fein gerieben, vermengt mit süßer Sahne und Kokosraspeln.
Möhren: gerieben, mit Äpfeln, Nüssen und Zitronensaft oder als Salat mit fein geschnittener Zwiebel, Öl, Zitrone, Schnittlauch und Petersilie vermengt.
Rote Bete: fein gerieben, mit Äpfeln, Zitrone, saurer Sahne und Nüssen vermengt.
Rote Bete mit Kürbis: fein gerieben, Äpfel, Nüsse, etwas saure Sahne.
Sellerie: fein gerieben, mit Nüssen, süßer Sahne oder wie bei Möhren.
Steckrüben: fein gerieben, mit Sahne, Zitrone, Öl, grüner Petersilie.
Rettich oder Radieschen: mit grüner Petersilie (Veränderung mit Tomaten), Zwiebeln, Schnittlauch.
Pastinaken: fein gerieben, Zitrone, süße Sahne, geriebenen Nüssen oder wie bei Möhrensalat.

Topinambur: grob reiben, etwas Öl und Nüsse.

Über der Erde gewachsen

Kohlrabi: mit Öl, grüner Petersilie oder mit süßer Sahne und geriebenen Nüssen.
Blumenkohl: fein gerieben mit süßer Sahne, geriebenen Nüssen oder Kokosraspeln.
Weißkohl: fein gewiegt, mit Öl, Zitrone oder Obstessig, Schnittlauch, Petersilie schwarzem Pfeffer.
Rotkohl: fein gewiegt, mit Öl, Zitrone, Äpfeln, Veilchenpulver.
Gurken: mit der Schale, feine Scheiben, mit saurer Sahne oder Obstessig, Dill, Petersilie, Schnittlauch, Öl (Veränderung mit Tomaten), Borretsch, schwarzem Pfeffer.
Blattsalat und Endivien: etwas zerschnitten, mit Sahne, Öl, Zitrone oder Obstessig, grünen Kräutern (Dill, Kresse, Schnittlauch, Petersilie, Zitronenmelisse, Fenchel, Borretsch).
Veränderung: fein geschnittener Sauerampfer, Spinat untermengen.
Feldsalat: Öl oder Sahne, Obstessig oder Zitrone.
Spinat: etwas schneiden, vermengen mit feingeschnittenen Zwiebeln, Öl, Kümmel, Porree, geriebenem Meerrettich.
Tomaten: Öl und Obstessig, eventuell Zwiebeln.
Obstsalat: Äpfel, Bananen, Apfelsinen, geriebene Nüsse, Weinbeeren, zerschnittene Pflaumen und anderes Obst der Jahreszeit.

Gewürze

„Gesunde" Ernährung hat den Ruf, fade zu schmecken. In vielen Köpfen sitzt immer noch die falsche Auffassung, Vollwertkost oder Vollwerternährung sei eine Diät und zu scharfes Essen schädlich.
Verwenden Sie reichlich Gewürze und frische Kräuter. Sie sind eine Bereicherung für den Speiseplan. Übertönen Sie den Geschmack der Lebensmittel damit allerdings nicht, sondern unterstreichen Sie die besondere Note.

Salz ist kein Gewürz. Es sollte sparsam verwendet werden. Wählen Sie nicht jodiertes Salz, sondern Vollmeersalz oder Kräutersalz. Es ist nicht zu verantworten, die Nahrung zum Medikamententräger zu machen. Für Rezepte ist der Arzt zuständig und nicht die Nahrungsmittelindustrie.
Empfindliche Menschen reagieren auf jodiertes Salz mit Beschwerden.
Da es nicht mehr deklarationspflichtig ist, achten Sie also besonders auf das, was Sie kaufen.
Wer mehr über Jodsalz (und Störungen der Schilddrüse) wissen möchte, dem sei das gleichnamige Buch „Störungen der Schilddrüse" (Dr. M. O. Bruker/Ilse Gutjahr) empfohlen.

Sie haben überhaupt keine Zeit, Frischkost zuzubereiten?

– Weil Sie berufstätig sind?
– Weil Kinder und Haushalt Sie rund um die Uhr beanspruchen?
– Weil Sie zu der Schnippelei weder Lust noch Zeit haben?

Dafür gibt es Lösungen:
Essen Sie die Frischkost im Stück. Tomate, Gurken, Radieschen, Rettich, Mohrrüben … alles lässt sich wunderbar „aus der Faust" nebenbei verzehren.

Vorratsplanung
Tipps für Zeitraffer

Wir kaufen einmal in der Woche ein. Am Samstag. Grüner Salat, Feldsalat und anderes Gemüse wird geputzt, gewaschen und in einem entsprechenden Vorratsbehälter (z. B. eine verschließbare Schüssel) im Kühlschrank aufbewahrt. So nehme ich für den täglichen Salat ohne zeitlichen Aufwand aus dieser „Frischkiste", was ich brauche. Der Salat steht in fünf Minuten knackig frisch auf dem Tisch.

Es gibt ja inzwischen „moderne" Kühlschränke mit Extra-Gemüse-Obst-Frischfach. Dort soll Feuchtigkeit und Temperatur perfekt stimmen, so dass „anhaltende Frische" der Lebensmittel versprochen wird. Ein ganz gewöhnlicher Kühlschrank tut es aber auch.

Beispiel:
Blattsalat waschen, gut abtropfen lassen. Im Sieb oder im sauberen Geschirrtuch leicht schwenken. Wer eine Trockenschleuder hat – wir haben keine – „trocknet" den Salat darin. Dann in entsprechenden Behälter legen – und ab in den Kühlschrank. Wer keinen Behälter hat, schlägt den Salat in ein sauberes, feuchtes Tuch ein. Auch frische Kräuter wie Schnittlauch, Petersilie und Dill lassen sich so wunderbar aufbewahren.

Mohrrüben: Kraut entfernen. Mohrrüben kurz unter fließendem Wasser säubern. Abtropfen lassen oder mit Tuch oder Küchenkrepp abtupfen.

Rote Bete: Blätter und grober Stilansatz entfernen. Schale dranlassen! Unter kaltem Wasser säubern. Abtropfen lassen bzw. abtupfen.
Als Dr. Bruker und ich einmal im Garten arbeiteten, erhielten wir unerwarteten Besuch „am Gartenzaun". Eine Griechin war aus Köln gekommen und hoffte, „diesen berühmten Arzt einmal zu sehen". Große Freude! Er war da und sammelte Steine aus dem Rote-Bete-Beet ab. Die Frau krempelte die Ärmel hoch und half spontan mit. Dabei erzählte sie, dass sie die Blätter der Roten Bete wie Spinat zubereitet oder eine Suppe daraus kocht. So kannte sie es von ihrer Mutter aus der Heimat. Wir haben es probiert. Es schmeckt tatsächlich. Das Rezept kann ähnlich zubereitet werden wie die Brennesselsuppe auf S. 41.
Übrigens gelingt genauso gut eine Suppe aus Radieschenblättern!

Kohlrabi: Lediglich die groben Blätter und den harten Wurzelansatz entfernen.
Bei Bedarf schneide ich eine fingerdicke Scheibe ab. Der Rest wandert wieder in die „Frischekiste".

Blumenkohl: Grobe Blätter entfernen. Die zarten bleiben dran und werden mitgegessen, roh oder gekocht. Bei Bedarf Blumenkohlröschen abbrechen – je nach gewünschter Menge –, den Rest wieder aufbewahren.

Sie können mit fast allen Gemüsen und Obst so verfahren.

Tomaten lege ich nicht in unser altes Kühlschrankmodell, sondern bewahre sie – je nach Jahreszeit – im Gewächshaus oder Keller auf und hole den jeweiligen Bedarf für ein bis zwei Tage in die Küche. Im Kühlschrank verlieren sie Aroma.

Wer einen kühlen Keller hat, ist fein raus. Wurzelgemüse lässt sich wie zu Großmutters Zeiten einsanden. Dazu braucht man nur einen größeren Steintopf oder eine stabile Holzkiste und hellen Sand oder feinen Kies.
Mohrrüben zum Beispiel vom Kraut befreien und lagenweise mit Sand bedecken. Sie halten sich den ganzen Winter bis zum Frühjahr. Rettich, Rote Bete ebenso.
Dr. Bruker hatte in seinem Haus keinen kühlen Keller. Er betrieb Vorratshaltung im Garten mit einer alten Waschmaschinentrommel. Dafür ließ er einen passenden Deckel anfertigen. Die Trommel vergrub er in die Erde, so dass der Deckel mit der Erdoberfläche abschloss. Gegen Frost wurde eine alte Decke und Stroh darübergelegt. In diese Trommel kam besonders seine Lieblingsfrucht Schwarzer Rettich, aber auch Rote Bete und Mohrrüben.

Alle anderen Vorräte wie Getreide, Öl, Hülsenfrüchte, Sauerkraut „im Fass", Nüsse haben wir immer im Haus. Sie sind ja haltbar.
Achtung! Getreide öfter bewegen/umrühren, damit sich keine Kornkäfer darin niederlassen.
Nüsse in fest verschlossenen Behältern halten.
Butter hält sich 4–6 Wochen im Kühlschrank. Einen Notvorrat friere ich ein.

Von Äpfelschnitzen und Erdäpfelbitzli

Der Schweizer Erzähler Jeremias Gotthelf (1797–1854) schildert liebend gern die Verzehrsgewohnheiten seines Volkes.

Wie einfach haben die Menschen damals gelebt, selbst auf reichen Bauernhöfen. Man begnügte sich dort mittags mit einer Suppe. Meistens gab es Kraut und gelegentlich Salat dazu, Milch gegen den Durst, bei der die Sahne aber nicht zu sehr abgeschöpft sein durfte. *Nur der Knubelbauer bekommt zum Mittagessen noch einen besonderen Napf, „gefüllt mit purer Nidle"* (Sahne, I. G.). *Es ist anzumerken, dass im Normalfall auch bei hablichen Bauern werktags kein Fleisch auf den Tisch kommt, sonntags dagegen fast immer.*

Das Mittagessen der Armen unterscheidet sich kaum vom Frühstück oder vom Abendessen. *Erdäpfelstücke in wenig, wenig Butter gebraten gibt es bei Käthi der Großmutter, welche allerdings Wert darauf legt, am Samstag etwas Besonderes zu kochen. Zumeist kocht sie etwas von Eiern oder was von süßem Obst oder einen Specksalat, oder es erschien gar für einen halben oder gar ganzen Batzen Käse zum Brot.*
Ein anderes Mal muss sie sich zwar bei Nachbarn Essig ausleihen, aber dann gibt es zu Ehren ihres Sohnes ein wahres *Herrenessen: Suppe, geröstete Kartoffeln, Eierkuchen und Specksalat.*

Beim Schulmeister gibt es Suppe, Äpfelschnitze und Erdäpfelbitzli, und ein Stücklein schwarzes Brot zum Dessert, Fleisch nur jeden dritten Sonntag.

Einfach wie die Speisen sind auch die Mahlzeiten des bäuerlichen Alltags. Die Zusammensetzung ergibt sich, bei der Menge der zu stopfenden Mäuler, einerseits aus dem jeweiligen Ertrag der einzelnen Produkte: Kartoffeln, Kraut, Obst, Milch, Korn, andererseits aus der Notwendigkeit, diese Produkte ohne großen Zeitaufwand zu verarbeiten. Die schwere körperliche Arbeit der Diensten und Meistersleute erfordert von Mal zu Mal ein Essen, das den Magen füllt, den Hunger stillt. (Riedhauser, 1985)

Warme Mahlzeiten

Fangen wir mit dem an, was das ganze Jahr über zur Verfügung steht. Zum Beispiel dicke weiße Bohnen (frisch oder getrocknet) und Kartoffeln. Keine Sorge – das ist kein „Arme-Leute-Essen". Beides ist billig, nahrhaft und schmeckt. In Italien gibt es keine Minestrone ohne Bohnen. Sie gehören dort zu den Spezialitäten.

Dicke weiße Bohnen

Gemeint sind Bohnenkerne. Beim Kochen geht's schon los. Die einen empfehlen, die Bohnen sofort aufzusetzen und zwei bis drei Stunden zu kochen. Die anderen raten, die Bohnenkerne einzuweichen, aber nicht im Einweichwasser zu garen, jedoch zusammen mit Gewürzen und Salz...

Von meiner Großmutter lernte ich:
1. Bohnen am Abend vorher mit warmem Wasser (bedeckt) einweichen und über Nacht bei Zimmertemperatur stehen lassen.
2. Am nächsten Tag das aufgesogene Wasser ergänzen (wieder Bohnen bedeckt) und die Bohnen darin ca. 1 bis $1^1/_2$ Stunden kochen.
3. Beim Kochen auf keinen Fall Salz zugeben, sonst werden die Bohnen nicht weich.

Wenn Sie kleine Bohnenkerne wählen, ist die Kochzeit erheblich kürzer.

Wir persönlich mögen es nicht gern, wenn die Bohnen mit Gewürzen zusammen gekocht werden. Wir lieben den puren Bohnengeschmack.
Nachdem die Bohnen gar sind, mit Kräutersalz und frisch gemahlenem schwarzem Pfeffer würzen.
Butter und Öl zugeben.
Frische Kräuter nach Geschmack.

Variation:
Das verbliebene Kochwasser mit Tomatenmark verrühren, mit Kräutersalz und frisch gemahlenem Pfeffer würzen – ein Hauch Chili –, 1 Lorbeerblatt zugeben, mit saurer Sahne/Schmand binden, also einköcheln. Frisch gehackte Kräuter darüberstreuen, zum Beispiel Rosmarin (klitzeklein geschnitten), Basilikum, Bohnenkraut, Petersilie.

Und wer Knoblauch liebt, darf „knuffeln"... möglichst sparsam. Es genügt, die Schüssel mit einer Knoblauchzehe auszureiben!

Auch eine Spur Balsamicoessig gibt den Bohnen einen besonderen Pfiff.

... und noch etwas, die „nackten" gekochten Bohnen halten sich mit Öl bedeckt (Olivenöl) tagelang im Kühlschrank. Sie sind eine handfeste Beilage zum frischen Salat oder zu einfachem Butterbrot.

Für zwei Personen koche ich deshalb etwa 500 g Bohnenkerne … damit noch etwas für die Tage danach übrigbleibt!

Resteverwertung:
Falls Bohnen übrigbleiben, in den Kühlschrank stellen und am nächsten oder übernächsten Tag eine „Rumfortsuppe" machen – zum Beispiel Bohnen-Kartoffelsuppe. Den Namen hat unsere Köchin Erika Richter aus der Lehrküche im „Bruker-Haus" erfunden: Alles, was *rum*liegt, muss *fort*!

Bohnen-Kartoffelsuppe

Sie gehört zu unseren Standardgerichten, wenn wir Urlaub im Ferienhaus am Lago machen.
Die Bohnenreste (gekochte dicke Bohnen, s. S. 35) verlocken uns dazu.

Zutaten für 2–3 Personen:

1	große Kartoffel pro Person
1 l	Gemüsebrühe
1	mittelgroße Zwiebel
1	Lorbeerblatt
1	Rosmarinzweig
1	große Tomate
1	Knoblauchzehe
1 EL	Tomatenmark
1 TL	Kräutersalz
1 EL	Balsamicoessig
3 EL	Öl
	Pfeffer
	frisch gehackte Petersilie oder Basilikum
	Butter

Zubereitung:
Gewürfelte Zwiebel in Öl anbraten. Gut geputzte Kartoffeln mit Schale würfeln, Tomate würfeln und dazugeben.
Ebenfalls Lorbeer, Rosmarin, fein geschnittene Knoblauchzehen.
Mit Gemüsebrühe auffüllen und ca. 15 Minuten köcheln lassen.
Die Bohnenreste zum Schluss dazugeben.
Mit Tomatenmark und anderen Gewürzen pikant abschmecken.
Mit frisch gehackten Kräutern auf den Tisch bringen.

Wenn die Suppe im Teller angerichtet ist, geben wir uns jeder als „Krönung" noch einen dicken Klacks Butter drauf.

Grüne Bohnen mit Steinpilzen

Zutaten für 2 Personen:

400 g	Grüne Bohnen
200 g	Steinpilze
½ TL	Kräutersalz
100 g	Butter
2	mittelgroße Zwiebeln
	frisch gemahlener Pfeffer
	Petersilie
250 g	Schmand für den, der eine gebundene Soße liebt
	Petersilie

Zubereitung:

Bohnen waschen und putzen, Ansatz an beiden Seiten abschneiden. Bei Bohnen – je nach Sorte – eventuell noch Fäden ziehen. Bohnen ganz lassen!

Pilze mit der Pilzbürste reinigen. Erdige Teile am Fußende entfernen. Pilze nicht waschen. Sie saugen sich wie ein Schwamm voll, und das Aroma verwässert.

Bohnen in Wasser (knapp bedeckt) etwa 15–20 Minuten garen (Garzeit hängt von der Dicke der Bohnen ab).
Erst nachher salzen und gut pfeffern.
Dann Butterflöckchen auflegen und zerlaufen lassen.
Mit frischen Kräutern bestreuen.

Zwiebeln schälen und würfeln. In etwas Butter anbraten. Zerkleinerte Pilze dazugeben und mitbraten. Die Pilze ziehen etwas Saft, so dass das Bräunen in Köcheln übergeht. Öfter umwenden.

Anbraten und Garzeit: 10 Minuten
Nun 250 g Schmand unter die Pilze rühren, etwas Wasser zugießen, so dass die Flüssigkeit sämige Konsistenz hat.
Noch fünf Minuten nachköcheln.
Salzen, pfeffern.
Frisch gehackte Petersilie zugeben.

Dazu Sesamkartoffeln oder Kartoffelbrei, s. S. 68 und S. 63.

Variation mit getrockneten Steinpilzen:
Die getrockneten Pilze – es reicht eine knappe Handvoll – zusammen mit den Bohnen kochen. Nach dem Garen Bohnenwasser wie oben genannt mit Schmand binden. Mit Salz und Pfeffer abschmecken. Kräuter dazugeben.

Was schreibt Karl Friedrich von Rumohr 1822 über grüne Bohnen?

Grüne Bohnen, Veitsbohnen ... In Italien isst man die Schoten der Zwergbohnen sehr jung und bricht ihnen deshalb vor der Bereitung bloß die Spitzen ab, ohne sie zu zerschneiden. Man siedet sie härtlich ab und isst sie abgekühlt mit Essig und Öl; oder man dämpft sie in Fleischbrühe, auch wohl in Butter, Schweinefett, ja selbst in Öl. In allen Fällen pflegt man sie dort sehr stark zu pfeffern.

Auberginenscheiben
gebraten

Zutaten für 2 Personen:

1 große Aubergine
Zitronensaft
Kräutersalz
Paniermehl
Butter/Öl zum Braten

Zubereitung:
Auberginen längs oder quer in 1–1$^1/_2$ cm dicke Scheiben schneiden. Auf Küchenkrepp legen. Mit Zitronensaft beträufeln und mit Kräutersalz bestreuen.
Die Scheiben in Paniermehl wälzen und in Butter/Öl goldbraun braten.

Wer möchte und darf, kann das Paniermehl mit einem Ei verquirlen.
Wer mag und darf, kann die heiß gebratenen Scheiben – sie werden am besten sofort aus der Pfanne serviert – mit Parmesan bestreuen.

Schmeckt zu Thymianreis mit Tomatensoße, s. S. 75.

Thymianreis
Reis garen (wie auf S. 50 beschrieben). Mit zerlassener Butter oder Öl begießen und frischen klein geschnittenen Thymian unterheben.
Getrockneten Thymian kräftig zwischen den Handflächen verreiben, damit das Aroma zur Geltung kommt – dies gilt übrigens für alle getrockneten Kräuter.

Blumenkohl in pikanter Zitronensoße

Zutaten für 2 Personen:

Blumenkohl mittlerer Größe – für 2 Personen ca. 700 g
Reismehl (selbst gemahlen, aus vollem Korn)
Süße Sahne
Zitronensaft
Butter
Vollmeersalz
Curry oder Curcuma

Zubereitung:
Blumenkohl in gesalzenem Wasser bissfest garen. Der Blumenkohl ist nur halb mit Wasser bedeckt. Er ist gar, wenn er auf Fingerdruck knapp nachgibt. *Härtlich abgesotten,* sagte der Kochkünstler Ruhmor vor etwa 200 Jahren dazu. Hört es sich nicht viel schöner an als „bissfest garen"?

In das Blumenkohlwasser mit dem Schneebesen Reismehl einrühren und aufkochen lassen. $^1/_8$–$^1/_4$ l süße Sahne zugeben und ein bis zwei Minuten köcheln lassen. Eventuell etwas Wasser nachfüllen, so dass eine cremige Soße entsteht. Mit 1–2 TL Zitronensaft (oder mehr), Curry und Curcuma pikant abschmecken.
Als Tüpfelchen einen Esslöffel Butter in der angerichteten Soße zerlaufen lassen.

Mengenangabe zum Binden der Soße:
10 g Reismehl binden ca. 100 g Flüssigkeit, so dass die Soße cremig ist.
Wenn Sahne bzw. Schmand dazugegeben wird, wie oben vorgeschlagen, reichen 10 g Reismehl auch für 200 g Blumenkohlwasser, weil die Sahne noch nachdickt.

Variante:
Blumenkohlwasser auffangen und für eine Gemüsebrühe (in den nächsten Tagen) kühl stellen.

200 g Butter (Buttermenge je nach Personenzahl und Blumenkohlgröße) zerlassen, 1 MS Vollmeersalz dazugeben, und eine Handvoll Semmelbrösel darin leicht bräunen. Über den Blumenkohl gießen.

Tipp:
Seien Sie mit der Buttermenge nicht zimperlich. Falls etwas übrigbleibt, können die Reste in den nächsten Tagen verwendet werden. Außerdem ist die Behauptung, Fett mache fett, falsch (siehe hierzu „Idealgewicht ohne Hungerkur" von Dr. med. Max Otto Bruker). Krankhaftes Übergewicht entsteht nicht durch zu viel Fett, sondern durch minderwertige Fabriknahrungsmittel (vorwiegend Fabrikzuckerarten, Auszugsmehle).

Blumenkohlauflauf

Zutaten für 2 Personen:

	Blumenkohl, etwa 700 g
	Pellkartoffeln
	Reismehl
$1/8$–$1/4$ l	süße Sahne
	Kräutersalz
	Vollmeersalz
1 EL	Zitronensaft
	Paniermehl
	Butterflöckchen

Zubereitung:

Mengen nach Personenzahl und Hunger wählen. Für Singles und 2-Personen-Haushalte genügt 1 kleiner Blumenkohl. Große Esser wählen mehr.
Pellkartoffeln immer mehr kochen, damit gleich die nächste Mahlzeit „gerettet" ist.

Kartoffeln bissfest garen, also nicht zu weich kochen. Blumenkohl in Röschen brechen und diese ebenfalls bissfest in Salzwasser garen (etwa 10 Minuten).

Kartoffeln pellen, in Scheiben schneiden, mit etwas Kräutersalz bestreuen, in eine gefettete Auflaufform schichten (ca. 3–4 cm hoch).
Blumenkohlröschen abtropfen lassen und auf den Kartoffeln verteilen.

In das Blumenkohlwasser 10–20 g Reismehl mit Schneebesen einrühren und 5–10 Minuten köcheln, dann ausquellen lassen. (10 g Reismehl binden etwa 100 g Flüssigkeit).
$1/8$–$1/4$ süße Sahne zugeben, 5 Minuten köcheln.
Mit Zitronensaft und Vollmeersalz pikant-fruchtig abschmecken.

Die Soße über den Auflauf gießen.
Mit Paniermehl bestreuen.
Butterflöckchen aufsetzen.

Im vorgeheizten Backofen bei 200 Grad ca. 20 Minuten überbacken.

Wer Käse mag und darf, kann den Auflauf zum Überbacken mit geriebenem Käse bestreuen.

Tipp:
Kartoffeln garen im Dampf. Also nur die Hälfte oder ein Drittel mit Wasser bedecken. Geht schneller und spart Energie!

Brennesselsuppe

Zutaten für 2–3 Personen::

1	Handvoll zarte Brennesseln pro Person
1	mittelgroße Zwiebel
1 l	Gemüsebrühe
200 g	Schmand
	Kräutersalz
	Pfeffer
	Muskat
	Butter/Öl

Zubereitung:
Brennesseln waschen, von groben Stielen befreien. Mit der Küchenschere klein schneiden (2–3 cm).
Gewürfelte Zwiebel in Butter/Öl anbraten. Brennesseln dazugeben.
Mit Gemüsebrühe auffüllen. 5 Minuten köcheln.
Mit Schmand abziehen.
Mit Kräutersalz, Muskat, Pfeffer abschmecken.

Nach Abfüllen in Suppentasse bzw. Teller einen Klecks Schmand aufsetzen.
Mit gerösteten Brotwürfeln bestreuen.
(s. S. 108)

Brotsuppe

Haben Sie auch ein schlechtes Gewissen, wenn Sie ein Stück Brot wegwerfen? Schneiden Sie es in Zukunft in Würfel und lassen diese an luftigem Ort trocknen. Ist genügend beisammen, gibt es davon eine schmackhafte Brotsuppe.

Zutaten:

Brot
Gemüsebrühe
Butter oder Öl
Petersilie oder Schnittlauch
Muskat
Kräutersalz

Die Brotmenge richtet sich nach Ihrem Appetit. Für eine Vorsuppe reichen etwa 100 g Brot für 2 Personen und 1 l Gemüsebrühe.

Zubereitung:
Brotwürfel in Butter oder Öl rösten.
Inzwischen Gemüsebrühe erhitzen – eventuell ein wenig salzen, mit Muskat abschmecken. Pro Person 1 EL Öl dazugeben.
In Suppentasse oder Teller füllen. Die gerösteten Brotwürfel hineingeben.
Mit frisch gehackter Petersilie oder Schnittlauchröllchen bestreuen.

Wir gießen die Gemüsebrühe nicht über die Brotwürfel, sondern mögen es lieber, wenn das krosse Brot obenauf schwimmt.

Frische Gemüsesuppe

Zutaten für 2 Personen:

1	kleiner Kohlrabi
1	mittelgroße Mohrrübe
1	mittelgroße Tomate
1	mittelgroße Kartoffel
	Selleriegrün (Stiel und Blatt) oder
1	Stangensellerie
1	kleine Zwiebel
1 l	Gemüsebrühe oder Wasser
1 TL	Kräutersalz
5 EL	Olivenöl
	frisch gehackte Kräuter zum Bestreuen

Zubereitung:
Kohlrabi schälen und würfeln. Alle anderen Gemüse putzen und in kleine Würfel schneiden. In etwa 1 l leicht gesalzenem Wasser oder Gemüsebrühe ca. 10 bis 15 Minuten köcheln, so dass das Gemüse noch Biss und Farbe behält. Eventuell etwas Wasser nachfüllen.
Öl zugeben, mit frisch gemahlenem Pfeffer und Kräutern bestreuen.

Die ganze „Kunst" besteht darin, nichts zu zerkochen und die Wassermenge so zu bemessen, dass die Flüssigkeit nicht übersteht, sondern das Gemüse knapp bedeckt.

Tipp:
Doppelte Menge kochen für eine „Wiederholung" in den nächsten Tagen. Das Öl dann erst nach dem Kochprozess bzw. nach dem Aufwärmen zugeben.

Das oben genannte Gemüse habe ich heute – wir haben August – frisch aus unserem Garten geholt. Ebensogut passen natürlich Erbsen, grüne Bohnen, Blumenkohl, Brokkoli, Bohnenkerne, Sellerie usw. dazu.

Grünkernsuppe

Zutaten für 2–3 Personen:

100 g Grünkernmehl
1 TL Kräutersalz
1 l Gemüsebrühe
100 g Schmand
60 g Butter

Muskat
Schnittlauch oder Basilikum

Zubereitung:
Grünkernmehl in trockenem Topf unter Rühren erhitzen. Wenn der Mehlstaub an der Topfwand hochsteigt, mit dem Schneebesen die Gemüsebrühe einrühren und unter Rühren zum Kochen bringen.
5–10 Minuten leise köcheln.
Mit Schmand, Butter und Gewürzen abrunden.
Mit Schnittlauchröllchen oder fein gehacktem Basilikum bestreuen.

Hirse pikant

Zutaten für 2 Personen:

1 Tasse Hirse (etwa 100 g)
3 Tassen Wasser (etwa 300 g)
Butter
Kräutersalz
frische Kräuter

Zubereitung:
Hirse braucht die dreifache Menge Wasser. Getreide im gesalzenen Wasser zum Kochen bringen. Topfdeckel auflegen, auf der abgeschalteten Herdplatte ausquellen lassen.
Nicht umrühren.
Nach 20 Minuten ist sie gar, aber noch körnig.
Mit Butter und frischen Kräutern servieren.

Dazu passt die Pikante Tomatensoße (s. S. 75), aber auch Pilze und andere Gemüse.

Kohlrabi in Sahnebett

Zutaten für 2 Personen:

Kohlrabi
Wasser
Butter
Schmand
Kräutersalz
Pfeffer
Petersilie

Zubereitung:
Pro Person 1–2 zarte Kohlrabi
(ca. 400–500 g).
Schälen, in Stifte schneiden. Die zarten Herzblätter klein schneiden.
Schalen und grobe Teile für Gemüsebrühe im Kühlschrank aufbewahren
Kohlrabistifte in Salzwasser (knapp bedeckt) bissfest garen – ca. 10 Minuten.
Gemüsewasser mit Schmand binden, würzen.
Butterflöckchen aufsetzen.
Mit fein gehackten Kohlrabiblättern und frischer Petersilie bestreuen.

Linsen pur

Wer Linsen liebt, sollte eine größere Menge kochen, um sie für weitere Gerichte zu verwenden. Sie schmecken übrigens auch kalt als Beilage zum Salat gut.

Zutaten (auf Vorrat!):

500 g	Zwerglinsen oder Französische Linsen
1	mittelgroße Zwiebel
1 l	Wasser
1–2 TL	Senf, selbst gemacht
	Balsamicoessig
	Pfeffer
	Kräutersalz
1 MS	Cayennepfeffer
2 EL	gehackte Petersilie
5 EL	Öl

Zubereitung:
Linsen mit der gewürfelten Zwiebel in Wasser 20–45 Minuten garen (Garzeit je nach Linsenart).
Danach mit Kräutersalz und anderen Zutaten pikant abschmecken, Öl zum Schluss zugeben.
Mit Petersilie bestreuen.

Dazu Sesamkartoffeln (s. S. 68) und Honigbananen (s. S. 46).

Tipp:
Linsen mit einer Handvoll Aprikosen – frischen oder getrockneten – kochen. Schmeckt wunderbar!

Linsenreste kühl stellen und einige Tage später eine Linsensuppe machen (s. S. 45).

„Unser Senior" Dr. M. O. Bruker liebte Linsen. Er erzählte, dass er sich als Kind zum Geburtstag immer ein Linsengericht wünschte (Linsen, Spätzle, Seidewurscht, wobei er Spätzle nicht besonders gern mochte). Wir haben ihm den Linsenwunsch mehrmals im Jahr erfüllt und essen sie ebenfalls sehr gern. Im Alten Testament steht, dass Esau sein Erstgeburtsrecht für ein Linsengericht verkaufte. Das muss ja nicht sein … aber sie sind wirklich etwas ganz Besonderes. Vor allen Dingen die kleinen haben Aroma.
Linsen stammen aus dem Orient. Sie gehören zu den Schmetterlingsblütlern. Und in der Tat – wir haben sie hier in unserem Kräutergarten ausgesät. Das Kraut erinnerte an Erbsensträucher, wurde aber nur etwa 20 cm hoch.

Linsensuppe

Zutaten für 2 Personen:

- 200 g Linsen (oder Reste vom letzten Linsengericht)
- 1 l Wasser oder Gemüsebrühe
- 1 mittelgroße Zwiebel
- 1 mittelgroße Tomate
- 1 Stück Sellerieknolle
- 1–2 Sellerieblätter
- 1 Mohrrübe
- 1 große Kartoffel
- 1 EL Balsamicoessig
- 1 Tasse süße Sahne
- Kräutersalz
- Pfeffer
- Butter/Öl

Zubereitung:
Linsen in Flüssigkeit ca. 15 Minuten (je nach Linsengröße) garen.*
Inzwischen Sellerie würfeln und in Butter/Öl anbraten.
Gesäuberte Kartoffel (mit Schale) in kleine Würfel schneiden, Tomate würfeln oder pürieren, Zwiebel würfeln, Sellerieblatt kleinschneiden, mit dem Sellerie zu den Linsen geben und weitere 10–15 Minuten köcheln.

Gut würzen. Mit süßer Sahne abrunden.

* Bei der Verwertung „alter" Linsenreste entfällt das Kochen. Die anderen Gemüse werden dann mit den angebratenen Selleriewürfeln in der Gemüsebrühe gekocht. Die gekochten Linsenreste zum Schluss dazugeben.

Maiskolben

Zutaten:

Pro Person 1 Maiskolben
(nicht genmanipuliert)
Butter
Vollmeersalz
Kräutersalz

Zubereitung:
Frische zarte Maiskolben von Blättern und Fasern befreien.
In Salzwasser ca. 15–20 Minuten kochen.
Mit Butter und Kräutersalz oder Kräuterbutter (s. S. 78) reichen.

Maronen

Zutaten:

Pro Person 6–7 Maronen
Butter
Honig
Kräutersalz

Zubereitung:
Schale der Maronen mit scharfem Messer einritzen und in Salzwasser 20 Minuten garen. Pellen, abkühlen lassen.
In Honig-Sesam-Butter mit etwas Kräutersalz schwenken.

Passt zu Rotkohl (s. S. 52) mit Sesam-Honig-Kartoffeln. (s. S. 68).

Honig-Sesam-Butter

Pro Person 2 EL Butter in Pfanne erwärmen.
Pro Person 1 TL Honig dazugeben, leicht salzen.
Pro Person 1 TL Sesam.
Alles unter Rühren leicht bräunen, die Maronen dazugeben und einige Minuten darin wälzen.

Statt Maronen können Sie auch wunderbar Bananen verwenden.

Nudeln mit Pfifferlingen

Zutaten für 2 Personen:

200 g	Vollkornspirelli oder Penne
250 g	Schmand
150 g	Pfifferlinge (oder mehr)
2	mittelgroße Zwiebeln
60 g	Butter
3–4 EL	Öl
	Kräutersalz
	frisch gemahlener Pfeffer
	frisch gehackte Petersilie

Zubereitung:

Nudeln in Salzwasser bissfest garen (10 Minuten). Nudelwasser auffangen.
In der Zwischenzeit in einem zweiten Topf gewürfelte Zwiebel in Butter und Öl goldgelb anbraten, dann die geputzten Pfifferlinge dazugeben, 5 Minuten schmoren.
Anschließend Schmand mit dem Schneebesen unter die Pilze rühren. So viel Nudelwasser zufügen, bis die Soße cremig vom Löffel geht.
Mit Pfeffer und Salz abschmecken.
Nudeln und Pilze vermengen.
Mit Petersilie bestreuen.

Pfifferlinge
schnell aus der Pfanne

Zutaten für 2 Personen:

200 g	Pfifferlinge
	Butter
	Kräutersalz
	Pfeffer
	Petersilie

Zubereitung:
Pilze mit der Pilzbürste trocken säubern.
In Butter hellbraun braten. Dabei nicht salzen!
Mit frisch gemahlenem Pfeffer und Kräutersalz würzen.
Mit frisch gehackter Petersilie servieren.

Sie schmecken sehr gut so pur zum Butterbrot.

Variante:
1 mittlere Zwiebel würfeln, in Butter/Öl anbraten.
Pilze zugeben, 5 Minuten schmoren lassen.
Bratensatz mit 200 g Schmand und $^1/_2$ Tasse heißem Wasser lösen (geht auch mit süßer Sahne). Etwas köcheln lassen, so dass die Soße sämig ist.
Mit frisch gemahlenem Pfeffer und Kräutersalz abschmecken.

Polenta

Zutaten:

500 g Maisgrieß
1³/₄ l Wasser
1 EL Vollmeersalz
     Butter/Öl

Zubereitung:
Maiskörner in einer Getreidemühle mit Stahlmahlwerk mahlen. Zunächst die Grobeinstellung wählen, dann ein- oder zweimal mit feinerer Einstellung „nachmahlen", so dass die grießige Konsistenz entsteht.

Maisgrieß in siedendes Salzwasser schütten und unter Rühren 20 bis 30 Minuten kochen.
Ist ein dicker fester Kloß entstanden, auf bemehlte Platte stürzen, zu einem Brotlaib formen. Abkühlen lassen.
Wenn er fest ist, mit einem starken Zwirnsfaden fingerdicke Scheiben schneiden, in Mehl oder Paniermehl wenden und in Butter und Öl hellbraun braten.

Oder
Den Maisbrei auf einem Brett fingerdick ausstreichen. Abkühlen lassen. Kleine Vierecke oder Rauten schneiden. In Mehl oder Paniermehl wenden und in Butter und Öl hellbraun braten.
Mit zerlassener Butter begießen.

Dazu einen bunten Salat reichen.

Oder
Salat vorweg (was natürlich dem Ideal entspricht) und zu den Maisschnitten eine gut gewürzte Tomatensoße (s. S. 75), Pilze oder ein gut gewürztes Gemüsegericht mit Tomaten, Zucchini, Auberginen.
Das Gemüsegericht können Sie ganz nebenbei machen, wenn Sie ohnehin den Mais umrühren müssen.

Buntes Gemüse – so nebenbei gemacht ...

Paprika grob würfeln und rundum in Olivenöl anbraten.
Danach zerkleinerte Tomaten, Auberginen, Zucchini dazugeben.
Alles 10 Minuten im eigenen Saft schmoren lassen.
Gut pfeffern, salzen.
Nach Belieben mit saurer oder süßer Sahne abrunden.
Eventuell Thymian, Majoran oder Rosmarin frisch geschnitten drüberstreuen.

Tipp:
Die oben genannte Maismenge reicht für 4–6 Personen. Ich koche immer so viel, weil sie mehrere Tage kühl aufbewahrt werden kann. Dann die Scheiben in Butter braten, wie oben beschrieben. Geht ganz fix und schmeckt wunderbar.

Die gebratenen Maisschnitten schmecken auch kalt. Dazu passt die feurige Chilisoße von S. 74.

Interessiert es Sie, was der Hobbykoch Karl Friedrich von Rumohr 1822 über Polenta schreibt?

Mehl von türkischem Weizen, Mais, schnell in heftig siedendes Wasser geschüttet, gibt einen festen Brei, die Polenta, die Lieblingsnahrung des lombardischen Landvolks. Der Geschmack dieses Kornes ist weich und süßlich und erträgt daher hervorstechende Gegensätze…
Vortrefflich ist die Polenta, wenn sie, wie sich gehört, vermöge eines Fadens in Scheiben geschnitten und alsdann abwechselnd mit frischer Butter, Salz und feingehobelten Trüffeln in einen Kuchen zusammengesetzt, äußerlich mit zerlassener Butter bestrichen und endlich in dem Ofen oder in der Tortenpfanne mit einer Kruste leicht abgebacken worden.
Dasselbe, doch statt der Trüffeln nimm geriebenen Parmesan.

Rumohr ist ein begeisterter Verfechter des einfachen, schmackhaften Essens auf dem Lande. Trüffel waren sicher auch damals keine lombardische Alltagsspeise. Er schreibt ja auch – etwas hervorgehoben –, dass die Polenta „vortrefflich" sei, wenn sie mit Trüffeln gereicht wird … Pfifferlinge, Steinpilze, Champignons, Austernpilze tun es auch, sind billiger als Trüffel (vor allem, wenn man selbst Pilze kennt und sie im Wald findet) und schmecken – gut gewürzt – vorzüglich zu Polenta.

Reispfanne
pikant und süß

Zutaten:

Pro Person rechnet man
1	Tasse Reis,
2	Tassen Wasser
	Zwiebel
	Butter oder Öl
	Vollmeersalz
	geraspelte Mandeln
1	Prise Chili
	Curry
	Mango oder Aprikosen, Bananen, Orangen
	frische Minze

Zubereitung:
Die gewünschte Reismenge in Salzwasser aufkochen lassen. Nicht umrühren! Herdplatte abschalten. Den Topf mit Deckel, Zeitung und Handtüchern rundum dick zudecken. Der Reis gart nun so vor sich hin und bleibt körnig!
Nach 30–40 Minuten ist er fertig.

Meine Großmutter kochte den Reis (oder die Gerste) morgens, stellte den umwickelten Topf ins Bett und ließ ihn dort gut zugedeckt nachgaren. So konnte sie ihrer Arbeit nachgehen und hatte mittags den fertigen Reis zur Hand.
Normalerweise wird das gesamte Wasser vom Reis aufgenommen (je nach Sorte). Eventuell überschüssiges Reiswasser abschütten.

Während des Garens gewürfelte Zwiebel in Butter oder/und Öl goldgelb braten, eine Handvoll geraspelte Mandeln zugeben, kurze Zeit anrösten.

Den körnig gegarten Reis vorsichtig unterheben, damit er nicht verklebt. Mit Chili und Curry pikant abschmecken. Die frischen zerkleinerten Früchte zum Schluss unter die Reisspeise heben.

Für scharfe Esser: Dazu schmeckt auch eine Pikante Tomatensoße oder Feurige Chilisoße (s. S. 74/75).

Echte Reisprofis holen ihn nach etwa einer Stunde aus dem Topf, breiten ihn zum Abkühlen aus (auf einem Backblech). Erst danach wird er mit Öl und anderen Zutaten für die Mahlzeit erneut erhitzt.

Rosenkohl in Honigmandeln

Zutaten für 2–3 Personen:

500 g   Rosenkohl
100 g   Butter
1 MS   Vollmeersalz
1 Prise   Muskat
1 El   Honig
1 Handvoll Mandelsplitter

Zubereitung:
Rosenkohl putzen, in Salzwasser (knapp bedeckt) garen. Mit Muskat würzen. Abtropfen lassen.
Butter zerlassen, Mandelsplitter darin leicht bräunen, Honig zugeben.
Über den Rosenkohl füllen.

Rotkohl

Zutaten für 2 Personen:

1	mittelgroßer Rotkohl
1	mittelgroße Zwiebel
1	saurer Apfel (z. B. Boskop)
5–6	Gewürznelken
1	Lorbeerblatt
	Apfelessig
	Kräutersalz
	Pfeffer
	Öl

Zwiebel und Apfel halbieren, mit Nelken bespicken.

Zubereitung:
Rotkohl fein hobeln. In Essig-Wasser bissfest, also nicht zu weich, garen (auf 1,5 l Wasser $^1/_2$ Tasse Essig, 1 TL Salz).
Die mit Gewürznelken bestückten Apfel- und Zwiebelhälften sowie das Lorbeerblatt auf den Kohl legen.
Garzeit etwa eine halbe bis dreiviertel Stunde – je nachdem, wie fein oder grob der Kohl geschnitten wird.
Die Gewürznelken und das Lorbeerblatt entfernen.
Danach salzen und pfeffern.
Danach Butter und Öl zugeben.

Dazu schmecken
Sesam-Honig-Kartoffeln (s. S. 68) und Maronen (s. S. 46).

Sauerkraut

Zutaten für 2–3 Personen:

500 g	Sauerkraut vom Fass
1	mittelgroße Mohrrübe
1	Zwiebel
1	Lorbeerblatt
3–4 EL	Öl

Zubereitung:
Sauerkraut knapp mit Wasser bedeckt mit Lorbeerblatt, gewürfelter Zwiebel und grob geraffelter Mohrrübe etwa 20 Minuten garen.
Zum Schluss Öl zugeben.

Dazu passen Sesamkartoffeln mit Honig (s. S. 68) oder Kartoffelbrei (s. S. 63), Bratlinge (s. S. 71/72), aber auch Linsen oder Erbspüree.
Erbsen wie Dicke weiße Bohnen zubereiten (s. S. 35) und anschließend pürieren.

Schwarzwurzeln in Sahne

Früher bezeichnete man Schwarzwurzeln als „Spargel der armen Leute".
Vielleicht wurden sie nicht liebevoll und üppig genug zubereitet. Auf jeden Fall tut man ihnen mit der Bezeichnung Unrecht. Sie schmecken hervorragend.

Zutaten:

Für 2–3 Personen
500 g Schwarzwurzeln
       Vollmeersalz
       Zitronensaft
250 g Schmand oder saure Sahne
       Butter zum Abrunden
       Petersilie
       Muskat

Zubereitung:
Die Schwarzwurzeln mit einer Wurzelbürste unter fließendem Wasser gut reinigen. Entweder mit der Schale kochen (bissfest) und danach die schwarze Haut abziehen. Oder man entfernt mit der Rückseite eines kleinen Küchenmessers die schwarze Haut, schneidet die Schwarzwurzel in fingerlange Stücke und legt sie sofort in Zitronenwasser, damit sie nicht unansehnlich braun werden.

Schwarzwurzeln in Salzwasser (knapp mit Wasser bedeckt) unter Zugabe von etwas Zitronensaft bissfest garen.
Das Gemüsewasser mit Schmand binden, würzen.
Mit Butterflöckchen besetzen.
Mit gehackter Petersilie bestreuen.

Selleriescheiben – gebraten

Zutaten für 2 Personen:

Sellerieknolle ca. 400 g
Vollmeersalz
Paniermehl
Butter/Öl

Zubereitung:
Blätter und grobe Teile von Sellerieknolle entfernen, mit Wurzelbürste sehr sauber schrubben. Nicht schälen!
Die ganze Knolle in Salzwasser oder Gemüsebrühe bissfest garen.
In fingerdicke Scheiben schneiden, salzen, in Paniermehl wälzen und die „Schnitzel" in Butter/Öl braten.

Passt zu Kartoffelbrei. Eventuell zweites (farbiges) Gemüse dazu servieren. Zum Beispiel grob geschnittene Möhren bissfest garen, in Butter und Petersilie schwenken.

Tipp:
Alte Sellerieknollen (aus dem Winterlager) schälen. Die Schale aber aufheben und für Gemüsebrühe verwenden.

Wer mag und darf, verquirlt ein Ei mit Kräutersalz, wälzt die Selleriescheibe darin, danach in Paniermehl. Dann braten.

Spaghetti mit Kräuterpesto

Zutaten:

Pro Person 100–150 g Spaghetti
Vollmeersalz

Zutaten Kräuterpesto:
1	Tasse Olivenöl
	Saft einer halben Zitrone
150 g	Pinienkerne
3	Knoblauchzehen
1½	Bund Petersilie. Blätter und zarte Stiele verwenden (ca. 30 g).
2	Bund Basilikum. Blätter und zarte Stiele verwenden (ca. 40 g).
	Kräutersalz
	Pfeffer

Zubereitung:
Spaghetti in Salzwasser knapp garen, so dass sie noch Biss haben (etwa 5 Minuten).

Pesto: Olivenöl und Zitronensaft mit dem Schneebesen cremig schlagen.
Pinienkerne und Knoblauch im Mörser zerreiben. Klein geschnittene Basilikumblätter einarbeiten, zum Schluss gehackte Petersilienblätter.
Alle Zutaten zusammenrühren (eventuell den Mixer zu Hilfe nehmen) und würzen.

Schmeckt sehr gut, passt zu Spaghetti und Nudeln – aber auch als Brotaufstrich und zu Salaten.

Variation:
Wer mag, kann Kapern untermischen.

Pesto in sauberes Schraubglas füllen, mit Olivenöl auffüllen, so dass es davon bedeckt ist. Hält sich im Kühlschrank wochenlang.

Nudeln mit dem Spaghettischöpfer aus dem Wasser nehmen, abtropfen lassen, auf den (besonders tiefen) Teller legen. In die Mitte eine Mulde drücken und nicht zu knapp bemessen Kräuterpesto hineingeben.

Spaghetti mit Tomatensoße

Zutaten:

Pro Person – 100 g Spaghetti (oder mehr)
Olivenöl

Zubereitung:
Spaghetti in Salzwasser bissfest garen, etwa 5 Minuten.
Nudelwasser abgießen und auffangen (für Tomatensoße).
Nudeln im Topf lassen und mit Olivenöl (2 EL pro Person) begießen.

Zutaten für die Soße:
80 g	Grünkernschrot
500 g	Tomaten
2	Knoblauchzehen
1	Zwiebel
200 g	Schmand
	Basilikum
	Thymian
	Kräutersalz
	Pfeffer
	Olivenöl

Grünkernschrot in trockenem Topf unter Rühren erhitzen, bis Mehlstaub am Topfrand hochwandert.
Pürierte Tomaten dazugeben. 15 Minuten köcheln lassen.
Spaghettiwasser zugeben, aber nur so viel, dass die Soße ziemlich dickflüssig bleibt.
In einer Pfanne Zwiebelwürfel in Öl anbraten, etwas später fein geschnittenen Knoblauch dazugeben und leicht anbraten.
Alles in die Tomatensoße rühren. 5 Minuten köcheln lassen. Mit Schmand abrunden, mit Kräutersalz, Pfeffer und Thymian pikant abschmecken. Mit zerkleinertem Basilikum bestreuen. Auf Wunsch frisch geriebenen Parmesan zugeben.

Spaghetti oder Tagliatelle mit Zwiebeln

Zutaten:

Pro Person 100–150 g Nudeln
Pro Person 1–2 mittelgroße Zwiebeln
Butter/Öl
Pfeffer
Salz

Zubereitung:
Nudeln in Salzwasser bissfest garen.
Inzwischen Zwiebeln in sehr feine Ringe schneiden und in Butter/Öl goldbraun braten.
Miteinander mischen und gut pfeffern.
Butter/Öl nicht zu knapp verwenden!

Variante:
Zubereitung wie oben. Aber statt Zwiebeln pro Person 2–3 Knoblauchzehen in sehr feine Scheiben schneiden und in Butter/Öl bräunen.

Die o. g. Menge richte ich für 2 Personen. Normalerweise reichen 100 g Nudeln pro Person. Meistens koche ich aber sogar 400–500 g. Die Nudelreste gibt es am nächsten oder übernächsten Tag wie oben mit Zwiebeln oder Knoblauch zubereitet zum Abendbrot.
Oder
Nudeln mit der Küchenschere im Topf kleinschneiden und in Gemüsebrühe mit frisch gehackter Petersilie als „Vorsuppe" reichen.

Spargel
– so mögen wir ihn am liebsten

Zutaten für 2 Personen:

1,5 kg Spargel
250 g Butter
Vollmeersalz
Kräutersalz
Honig
frisch gehackte Petersilie

Zubereitung:
Wenn schon Spargel, dann bitte nicht so geizig schälen, dass beim Essen die Fäden im Mund nachschleifen!
Am liebsten schäle ich mit einem sehr scharfen kleinen Küchenmesser (diese kleinen mit dem braunen Holzgriff. Die Klinge wird zwar unansehnlich rostig-braun, ist aber besonders scharf).
Das Messer etwa drei Finger breit unter dem Spargelkopf ansetzen und dicht unter der Schale nach unten ziehen.
Manche Spargelsorten sind so zart, dass noch tiefer angesetzt werden kann.

Mit dem Spargelschäler geht alles viel schneller, aber nicht unbedingt zufriedenstellender.

Spargel in Salzwasser (dem ein Teelöffel Honig beigegeben wird) bissfest garen. Der Spargel ist knapp mit Wasser bedeckt.
Kochzeit – je nach Stärke des Spargels – 15 bis 20 Minuten.
Spargelwasser auffangen.
Butter zerlassen, über den Spargel gießen oder gesondert reichen, dann kann jeder nehmen, soviel er möchte.
Mit frisch gehackter Petersilie bestreuen.
Dazu neue Kartoffeln mit Schale.

Tipp:
Gemüsegerichte bereite ich gern in einem flachen Edelstahltopf mit Glasdeckel zu. So kann ich beim Garen zusehen.
Die Kartoffeln setze ich – auch beim Spargel – an den Rand. Sie garen gleichzeitig, wenn sie nicht zu dick sind (sonst halbieren oder vierteln, s. auch Foto auf S. 68/69).
In diesem Topf koche ich alle Gemüsegerichte, Suppen und – bei größerer Menge – auch Soßen.
Es wird dabei wenig Wasser benötigt, da der schwere Deckel den Dampf im Topf hält.
Falls Spargel übrigbleibt, zaubern Sie daraus einfach eine Spargelsuppe.

Zutaten:

Spargelreste
restliches Spargelwasser
evtl. Kartoffelstücke
frischgehackte Petersilie
ca. 1 EL Öl pro Person

Südtiroler Pizza

Rezept von Sepp Thaler

Zutaten:

500 g Weizenvollkornmehl (Dinkel)
250 g Hartweizenvollkornmehl
½ l   Wasser (kalt)
20 g   Hefe
10 g   Vollmeersalz
40 g   Öl

Zubereitung:
Wasser, Hefe, Salz und Öl in einer Schüssel verrühren.
Das frisch gemahlene Vollkornmehl dazugeben und tüchtig kneten.
Den eher festen Vollkornteig auf dem bemehlten Tisch zu einer Rolle formen.
In kleine Stücke schneiden, sehr dünne runde Pizzen formen (mit dem Küchenroller).
Nach Herzenslust belegen: Tomatensoße, Käse, Gemüse usw.
Oregano nicht vergessen!
Auf ein gefettetes Backblech legen und ins heiße Backrohr schieben.
Bei 200–220 Grad ca. 20 Minuten backen.

Die Pizza soll in Italien im Raum Neapel erfunden worden sein. An einem Tag in der Woche war Waschtag, also hatten die Frauen kaum Zeit zum Kochen. So wurden Gemüsereste der vergangenen Tage auf einen flink zubereiteten Teig gelegt und zwischendurch gebacken.

Sepp Thaler ist Lehrer und seit 1987 Gesundheitsberater GGB. Er lebt in Südtirol. Seine Schüler lernen bei ihm, wie Getreide aussieht, wie man es mahlt, wie man ein Frischkorngericht zubereitet, wie man Brot und Pizza im Steinofen backt sowie vieles Wissenswerte über die Natur. Die Kinder sind begeistert von seinem lebendig gestalteten Unterricht.
Zweimal im Jahr kommt er mit unseren Südtiroler Freunden zur Tagung nach Lahnstein. Und jedesmal backen sie für uns – nach der Tagung – Pizza.
Den wunderschönen Pizzaofen haben sie uns als Geschenk im Garten des Dr.-Max-Otto-Bruker-Hauses erbaut.

Verlegenheitspizza

Wir wollten Pizza essen und hatten uns mit Freunden dazu ganz kurzfristig verabredet. Ganz einfach. Alles klar. Aber die Hefe, die wir im Kühlschrank fanden, war nicht nur im Datum verfallen, sondern auch in sich selbst. Sah nicht mehr gut aus und roch nicht mehr gut.
Wir alle wollten aber Pizza! Da Blätterteig ja auch ohne Hefe gemacht wird, dachte ich mir, dass so etwas Ähnliches doch funktionieren muss. Und siehe da, es ging wunderbar und schmeckte.

Zutaten:

500 g   Vollkornmehl
250 g   Butter
$^1/_4$ l   Wasser-Sahne ($^1/_2$ und $^1/_2$)
1 TL   Vollmeersalz

Zubereitung:
Das Mehl in einer Schüssel oder auf einem Brett verteilen, mit weichen Butterflocken besetzen. Beides miteinander verreiben, damit Butter und Mehl wirklich gleichmäßig vermischt sind.
Salz und Wasser nach und nach dazugeben, bis alles zu einem glatten Teig verarbeitet ist.
Ist der Teig nicht geschmeidig genug, etwas Sahne oder Öl zugeben und noch einmal gut durcharbeiten. Eine halbe Stunde kühl stellen (während der Ruhezeit Gemüse vorbereiten und Ofen anheizen).

Danach den Teig auf dem bemehlten Tisch ausrollen und zusammenlegen (wie Blätter aufeinanderlegen).
Zwei- bis dreimal wiederholen.
Dann auf einem gefetteten Backblech dünn ausrollen.

Mit Tomatenmark dünn bestreichen.
Mit beliebigem Gemüse belegen. Mit Oregano und etwas Kräutersalz würzen.

Wir hatten für unsere „Verlegenheitspizza" nur Tomaten, Zucchini, Zwiebeln, Kapern und Oliven im Haus (s. Foto).

20 Minuten bei 200 Grad backen.

Wer sich eine Pizza nicht ohne Käse vorstellen kann (und damit keine gesundheitlichen Probleme hat), kann das Gemüse mit Emmentaler, Gouda o. ä. belegen und mitbacken. Er kann aber auch auf die fertige ofenheiße Pizza Parmesan streuen.

Anmerkung:
Wer keine Zeit hat, kann den Teig nach dem Kneten sofort auf dem Blech dünn ausrollen. Schmeckt auch.
Der Teig wird mit der „Stunde Ruhezeit" und dem mehrmaligen Ausrollen allerdings lockerer.

Tipp:
Wer eine Pizza in der Springform backen will, braucht nur die Hälfte der angegebenen Menge. Die andere Teighälfte in feuchtes Tuch wickeln und in den Kühlschrank legen.
Kann am nächsten oder übernächsten Tag verarbeitet werden.

Tomatensuppe

Zutaten für 2 Personen:

500 g	Tomaten
1	mittelgroße Zwiebel
1 l	Gemüsebrühe
200 g	Schmand
	Butter/Öl zum Braten
	Kräutersalz
	frisch gemahlener Pfeffer
	Basilikum

Zubereitung:
Tomaten mixen oder sehr, sehr klein schneiden, mit Gemüsebrühe ablöschen. Etwa 15 Minuten köcheln.
Gewürfelte Zwiebel in Butter/Öl anbraten, in die Tomatensuppe geben.
Schmand mit dem Schneebesen einrühren, pikant abschmecken.
Mit fein geschnittenem Basilikum bestreuen.

Tomaten-Frucht-Suppe Elija

Zutaten für 2 Personen:

$1/2$	Apfel
4	Pflaumen
4–5	mittelgroße Tomaten
2	Basilikumblätter
	süße Sahne oder Schmand

Zubereitung:
Obst und Tomaten klein schneiden, mit ca. 250 ml Wasser auffüllen und 10–15 Minuten köcheln lassen. Anschließend pürieren.

Basilikum klein schneiden und einige Minuten in der Suppe ziehen lassen.
Mit einem Klecks süßer oder saurer Sahne servieren.
Die Suppe wird nicht gesalzen. Sie soll fruchtig schmecken und nicht von Gewürzen übertönt werden.

Zwiebelsuppe

Zutaten für 2 Personen:

3	mittelgroße Zwiebeln
1 l	Gemüsebrühe
2 EL	Butter
2 EL	Öl
	Brotwürfel
	Muskat
	Schnittlauch

Zubereitung:
Zwiebel würfeln, in Butter und Öl hellbraun braten, mit Gemüsebrühe ablöschen. Etwa 15 Minuten köcheln. Muskat zugeben. Eventuell mit Kräutersalz abschmecken, aber nicht übertönen – die Zwiebeln schmecken von Natur aus süß!

Suppe in Tassen bzw. Teller füllen. Geröstete Brotwürfel und Schnittlauchröllchen auf die Suppe streuen.

Wer mag und darf, füllt die Suppe in Tassen, bestreut sie mit geriebenem Käse und überbackt sie 10 Minuten bei 200 Grad.

Kartoffelgerichte

Kartoffelbrei

Zutaten:

Kartoffeln
Butter
Kräutersalz
Zwiebeln

Zubereitung:
Kochen Sie gleich einen Topf voll Pellkartoffeln. Die nicht gegessenen sind eine (zeitsparende) Lösung für die nächsten Mahlzeiten (Kartoffelsalat, Bratkartoffeln mit Petersilie und Thymian oder mit Rosmarin).

Also: Kartoffeln waschen, gut sauber bürsten und in der Schale weich kochen. Es genügt die Menge von zwei Dritteln Wasser im Topf. Die Kartoffeln garen im Dampf. Das Wasser nicht weggießen!

Kartoffeln nach Bedarf pellen (für 2 Personen 6 große Kartoffeln), mit dem Kartoffelstampfer quetschen oder durch die Kartoffelpresse geben.
Mit Kräutersalz würzen und unter Zugabe von so viel heißem Kartoffelwasser und reichlich Butter mit dem Schneebesen schlagen (Kartoffelbrei braucht Luft), bis ein lockerer, luftiger Brei entsteht.

In der Schüssel angerichtet, mit einem Löffel oder einem kleinen Portionierer „Kuhlen" in den Brei drücken. Weitere Butter zerlassen und in die Kuhlen gießen – oder in Butter gebräunte Zwiebeln über den Brei geben!

Tipp:
Keinen Mixer verwenden. Dann wird der Brei zäh und klebrig.

Resteverwertung

Kartoffelsuppe
Wenn Kartoffelbrei übrigbleibt, kühl stellen und in den nächsten Tagen daraus eine Suppe machen. So viel heißes Wasser und Sahne mit dem Schneebesen einrühren, dass eine cremige Suppe entsteht. Mit frischen Kräutern, frisch gemahlenem Pfeffer und etwas Kräutersalz abschmecken, vielleicht noch eine Spur Balsamicoessig … fertig.

Oder

Kartoffelplätzchen
Kartoffelbreireste mit weicher Butter und etwas Weizenvollkornmehl verkneten.
Mit etwas Kräutersalz und Muskat würzen. Kleine Plätzchen oder Röllchen formen, in Paniermehl wenden und goldbraun braten.

Vielleicht haben Sie Lust, während die Kartoffeln kochen, eine liebenswerte Kartoffelbrei-Geschichte von Gottfried Keller zu lesen – aus „Pankraz der Schmoller". Da heißt es an einer Stelle:

Die Mutter kochte nämlich jeden Mittag einen dicken Kartoffelbrei, über welchen sie eine fette Milch oder eine Brühe von schöner, brauner Butter goss. Diesen Kartoffelbrei aßen sie alle zusammen aus der Schüssel mit ihren Blechlöffeln, indem jeder vor sich eine Vertiefung in das feste Kartoffelgebirge hineingrub. Das Söhnlein, welches bei aller Seltsamkeit in Essangelegenheiten einen strengen Sinn für militärische Regelmäßigkeit beurkundete und streng darauf hielt, dass jeder nicht mehr noch weniger nahm, als was ihm zukomme, sah stets darauf, dass die Milch oder die gelbe Butter, welche am Rande der Schüssel umherfloss, gleichmäßig in die abgeteilten Gruben laufe; das Schwesterchen hingegen, welches viel harmloser war, suchte, sobald ihre Quellen versiegt waren, durch allerhand künstliche Stollen und Abzugsgräben die wohlschmeckenden Bächlein auf ihre Seite zu leiten, und wie sehr sich auch der Bruder dem widersetzte und ebenso künstliche Dämme aufbaute und überall verstopfte, wo sich ein verdächtiges Loch zeigen wollte, so wusste sie doch immer wieder eine geheime Ader des Breies zu eröffnen oder langte kurzweg in offenem Friedensbruch mit ihrem Löffel und mit lachenden Augen in des Bruders gefüllte Grube. Alsdann warf er den Löffel weg, lamentierte und schmollte, bis die gute Mutter die Schüssel zur Seite neigte und ihre eigene Brühe voll in das Labyrinth der Kanäle und Dämme ihrer Kinder strömen ließ.

Rosmarinkartoffeln

Resteverwertung aus Pellkartoffeln vom Vortag

Zutaten:

Pellkartoffeln
Öl und Butter zum Braten
Kräutersalz
frisch gemahlener Pfeffer
Rosmarin

64

Zubereitung:
Pellkartoffeln mit Schale (das geht gut, solange die Kartoffeln nicht zu alt und schrumpelig sind) in nicht zu kleine Stücke schneiden (je nach Größe halbieren oder vierteln, achteln …).
In Butter mit einem Schuss Öl goldbraun braten.
Gut würzen.
Klitzeklein geschnittenen Rosmarin unterheben.

Variante:
Nicht mit Rosmarin, sondern Petersilie und Thymian würzen.

Kartoffelsalat
Resteverwertung aus Pellkartoffeln vom Vortag

In der Schale gekochte Kartoffeln pellen. In kleine Würfel (oder feine Scheiben) schneiden. Mit der Kräutersoße (s. S. 28) mischen.

Oder
mit hellem Essig, Öl, fein gehackten Zwiebeln, Kräutersalz und schwarzem Pfeffer abschmecken.
Nach Belieben saure Gurken, grüne Gurken, Tomaten, Apfel würfeln und unterheben.

Kartoffelpfanne mit Aprikosen

aus rohen Kartoffeln, supereinfach, schnell, billig, schmeckt, macht satt!

Zutaten:

Kartoffeln, pro Person 2–3 große
Butter
Öl
Pfeffer
Kräutersalz
Thymian
Aprikosen (oder – je nach Jahreszeit – Zwetschgen, Orangen, Äpfel)
… sonst nichts

Zubereitung:
Kartoffeln gründlich waschen und sauber bürsten. Mit der Schale auf grober Lochreibe raffeln.
Mit Kräutersalz, Thymian und frisch gemahlenem Pfeffer vermischen.
Butter und Öl (halb und halb) in Bratpfanne erhitzen.
Die Kartoffelmasse in die Pfanne geben. Sie füllt die ganze Pfanne aus und ist etwa 2–3 cm dick. Gut andrücken.
Mit dem Bratenwender den großen Kartoffelpuffer rundherum immer wieder anheben, eventuell Öl seitlich zugeben, damit die Kartoffeln nicht anbrennen, sondern locker vor sich hin bräunen.
Nach etwa 5–10 Minuten auf einen flachen Topfdeckel oder Teller gleiten lassen und wenden, so dass auch die untere Seite braun wird.

Nun an den Rand kleine Obststücke legen und einige Minuten mitschmoren lassen.

Schmeckt natürlich auch ohne Obst mit einem Salat.

Kartoffel-Dinkel-Klöße mit Zwetschgen

Zutaten für 8 Klöße:

500 g Kartoffeln
150 g Dinkelmehl
       Zwetschgen
       Vanillegewürz
       Vollmeersalz
       Butter
       Paniermehl

Zubereitung:
Kartoffeln mit Schale kochen. Pellen und durch eine Kartoffelpresse geben. Mit Mehl und 1 TL Salz verkneten. Etwas ruhen lassen. Der Teig muss fest sein.

Reichlich Salzwasser zum Kochen bringen. Mit dem Esslöffel Klöße abstechen und in siedendem Wasser etwa 15 Minuten ziehen (nicht kochen!) lassen.

Mit in Butter gebräuntem Paniermehl begießen.

Dazu Honig-Zwetschgen:
Entsteinte, zerschnittene Zwetschgen mit Honig und Vanillegewürz mischen. Zehn Minuten ziehen lassen.

Kartoffelsuppe

Zutaten:

Kartoffeln mit Schale!
Schmand
Öl
Butter
Kräutersalz
frisch gemahlener schwarzer Pfeffer
rote Pfefferkörner
Balsamicoessig
Majoran, Thymian, Petersilie

Zwei- bis dreimal pro Wochen essen wir Kartoffelgerichte. Für diese Suppe also wieder eine größere Menge sauber geschrubbte Kartoffeln mit Schale und mit Wasser bedeckt gar kochen.
Das Kartoffelwasser nicht weggießen, sondern auffangen! Die Kartoffeln nicht pellen!

Zubereitung:
Die gewünschte Kartoffelmenge (pro Person 3–4 dicke Kartoffeln mit Schale) mixen bzw. mit Pürierstab zerkleinern, dabei so viel Kartoffelwasser zugeben, dass die Suppe sämig ist.
In diesem Fall ist der Mixer erlaubt.
In die heiße Suppe mit dem Schneebesen Schmand einrühren (für 2 Personen nehme ich 250 g Schmand), Kräutersalz und die anderen Gewürze.
So pikant abschmecken, dass der typische Kartoffelgeschmack nicht übertönt wird.
Vor dem Servieren nach Belieben ein Stückchen Butter und Öl auf der Suppe zerlaufen lassen.
Mit frisch gehackten Kräutern und einigen roten „Pfefferkörnern" bestreuen.

Sesamkartoffeln mit Honig

Resteverwertung aus Kartoffeln vom Vortag

Zutaten:

Pellkartoffeln
Sesam
Butter
Honig
Kräutersalz
frisch gehackte Kräuter (Petersilie, Thymian oder Rosmarin)

Die Menge richtet sich – wie bei allen Gerichten – nach Hunger und Vorratsplanung.

Zubereitung:
Reste-Pellkartoffeln nehmen oder frische Kartoffeln waschen und garen. Ältere Kartoffeln pellen, junge Kartoffeln in der Schale lassen.

Reichlich Butter in der Pfanne zerlassen, eine Handvoll Sesam zugeben, etwas Kräutersalz und 1–2 Teelöffel Honig. Etwas bräunen lassen.

Die ganzen Kartoffeln darin rundum hellbraun anbraten.

Tipp:
Probieren Sie diese gebratenen „Honigkartoffeln" mal zu frischen grünen Erbsen, Spargel, Blumenkohl oder anderen Gemüsen. Pellkartoffeln lassen sich auch auf leckere Art mit grünen Bohnen zubereiten – zum Beispiel als „Tomaten-Bohnen-Pfanne"!
Mit Thymian, schwarzem Pfeffer und Kräutersalz würzen!

Bratlinge

… passen als Gemüsebeilage oder kalt zu Brot und Salat

Einfache Gemüsebratlinge

Das nachfolgende einfache Rezept habe ich in einem alten Reclam-Heft von 1928 gefunden. Es ist ein Vorschlag von Prof. Dr. med. habil. Alfred Brauchle.
Er schreibt:
Man kann Gemüsebratlinge aus frischem Gemüse oder aus Gemüseresten herstellen. Die Reste lässt man auf einem Durchschlag abtropfen, wiegt sie fein, vermischt sie mit eingeweichter Semmel, geriebener Semmel, paniert sie in Semmelkrumen und brät sie in der Form von Bouletten auf beiden Seiten braun.

Aus frischen Gemüsen nimmt man auf 3 Tassen gut abgetropfter feingehackter Gemüsemasse (Kohlarten, Sellerie und Karotten nach Geschmack gemischt) 1 1/2 Tassen Mehl, Salz, 1 Tasse Sahne. Diese Masse verkneten.
Klöße formen und in Butter/Öl auf beiden Seiten braten.

Ein klein wenig habe ich seine Vorschläge verändert. Er riet, zum Binden der Gemüsemasse Eier zu nehmen. Es gelingt aber auch ohne.
Statt der von ihm angegebenen Milch habe ich Sahne verwendet. Wem das nicht behagt, der kann auch Wasser oder Gemüsebrühe nehmen.
Und natürlich gehören frische oder getrocknete Kräuter, Pfeffer, Kräutersalz dazu.
Die Bratlingmasse muss pikant schmecken!

Tipp:
Wer für eine große Familie kocht, nimmt am besten einen Pürierstab oder Mixer zum Zerkleinern der Gemüsearten.
Für unseren Zwei-Personen-Alltag geht alles ganz schnell mit einem scharfen Messer und einer simplen Reibe per Hand.

Bohnen-Linsen-Bratlinge

Zutaten:

100 g	weiße Bohnenkerne
100 g	Linsen
100 g	Haferflocken
100 g	Grünkernschrot
1	Zwiebel
	Kräutersalz
	Pfeffer
	Öl/Butter
	Petersilie
	Thymian
	Delikata
	Curcuma
	Gemüsebrühe oder Wasser ($1/8 - 1/4$ l)

Bei Bratlingen können wir mit Resten zaubern. Zum Beispiel Reste von weißen Bohnen und Linsen mit Haferflocken und Grünkernschrot zu gleichen Teilen verkneten bzw. durch den Fleischwolf drehen.
Ist die Masse zu fest, etwas Gemüsebrühe oder Wasser zugeben.
Mit oben genannten Zutaten gut würzen.

Kleine Bratlinge formen, in Paniermehl wälzen und in Butter/Öl beidseitig braun braten.

Oder:
Gewürfelte Zwiebel in Butter bräunen, Brotwürfel (von altem Brot) dazugeben, mitrösten, unter die Teigmasse mischen.
Einen Braten formen, in gebutterte Form legen.
Mit Öl abstreichen, mit Butterflöckchen besetzen.
30 Minuten bei 200 Grad backen.
Dazu passt Tomatensoße (s. S. 75).

Variation:
Unter den Teig Tomatenmark, Majoran, klein geschnittene Pilze, Kapern oder klein gewürfelte Mohrrüben kneten, damit er nicht so langweilig aussieht.

Tipp:
Gemüsebraten kalt aufschneiden (zum Abendbrot), dazu Senf oder Chilisoße.

Mohrrüben-Bratlinge

Zutaten:

100 g Mohrrüben
100 g Haferflocken
1 MS Kräutersalz
1 MS Pfeffer
1 MS Thymian
1 TL Senf
     Paniermehl
     Butter/Öl zum Braten

Zubereitung:

Fein geriebene Mohrrüben und Haferflocken zu gleichen Teilen mit allen Gewürzen verkneten.
Kleine Bratlinge formen.
In Paniermehl wenden, in Butter/Öl von beiden Seiten braten.

Tipp:
Gemüse- oder/und Reisreste lassen sich gut in den Teig einarbeiten.

Reisbratlinge

Zutaten:

Zu 1 Tasse gekochtem Reis nimmt man
1 Tasse Paniermehl
1 Tasse heißes Wasser
  Vollmeersalz
  Paniermehl
  Curcuma
  Curry
  Butter/Öl zum Braten

Zubereitung:

Reis mit den Gewürzen pikant abschmecken.
Alle Zutaten miteinander verkneten, so dass die Masse zusammenhält.
Kleine Bratlinge formen, in Paniermehl wenden und beidseitig braun braten.

Dazu passt die feurige Chilisoße oder/und die Pikante Tomatensoße (s. S. 74/75).

Variation:
Nach Belieben Gemüse unterkneten, z. B. Erbsen, Pilze oder andere Gemüsereste.

Pikante Soßen

Curcuma (Gelbwurz)

Curcuma ist im süd-östlichen Asien heimisch und wird dort kultiviert.
Neben seiner medizinischen Anwendung hat Curcuma größte Bedeutung als Gewürz und Färbemittel für Speisen.
Der Gehalt an ätherischem Öl bewirkt den charakteristischen Geruch und Geschmack. Die intensive Färbung ist auf den Farbstoff Curcumin zurückzuführen.
Curcuma ist auch in Gewürzmischungen enthalten, zum Beispiel Curry.

Currypulver
ist eine scharfe indische Gewürzmischung, die aus mindestens 7 bis maximal 66 Gewürzen bestehen kann. Wichtigste Bestandteile sind Curcuma (als Farbstoff), Curryblatt, Ingwer, Koriander, Kardamom, Gewürzpaprika, Mazis (Muskatblüte), Gewürznelken, Pfeffer und Zimt. Je nach Geschmacksrichtung und gewünschter Schärfe werden noch Bockshornklee, Piment, Kümmel, Muskatnuss, Rosmarin, Lorbeerblätter, Sternanis u. a. zugefügt. Als Kombiantionsstoffe zur Geschmacksabrundung können noch Hülsenfruchtmehle (bis zu 10%) und Stärke sowie Speisesalz bis zu 5% zugesetzt werden.

Curryblätter
werden in ihrem Heimatland Indien und Sri Lanka zum Würzen verschiedener Speisen verwendet Sie wachsen an dem kleinen Baum Murráya koenigii.

Feurige Chilisoße

Zutaten für 2–4 Personen:

500 g Tomaten
1 MS Chilipulver
1 MS Curry
1 TL Pfeffer
$^1/_2$ TL Kräutersalz
1 EL Balsamicoessig
3 EL Olivenöl

Zubereitung:
Tomaten sehr klein würfeln oder mixen. Fünf Minuten kochen lassen. Mit allen anderen Zutaten verrühren und scharf abschmecken.

Passt gut zu Salat und frisch gebackenem Fladen. Auch zu Bratlingen.

Die gekochte Soße hält sich im Schraubglas länger als eine Woche im Kühlschrank, wenn sie mit Öl bedeckt gehalten wird.

Variante:
Wer es liebt, kann die o. g. Soße aus ungekochten Tomaten zubereiten.

Pikante Tomatensoße

Zutaten für 2 Personen:

500 g	Tomaten pürieren
1	große Zwiebel
3	Knoblauchzehen
3 EL	Olivenöl
1	Lorbeerblatt
½ TL	Kräutersalz
½ TL	Pfeffer
1 MS	Chili
	frisch gehackte Petersilie, Thymian, Salbei

Zubereitung:
Gewürfelte Zwiebel in Öl anbraten. Pürierte Tomaten zugeben.
Ebenfalls sehr klein geschnittene Knoblauchzehen und das Lorbeerblatt.
10 Minuten im eigenen Saft köcheln. Eventuell etwas Wasser zugeben.
Mit Salz, Pfeffer, Chili scharf abschmecken.
Nach Belieben zum Schluss noch etwas Öl zugeben.

Mit frischen, sehr fein geschnittenen Kräutern bestreuen.

Passt zu Nudeln, Bratlingen, als Dressing zu Salat.

Grundsoße für warme Gerichte

Zutaten:

40 g	Vollkornmehl
¾ l	Gemüsebrühe oder Wasser
2 TL	Zitronensaft
½ TL	Kräutersalz
40 g	Butter
	Schmand oder süße Sahne nach Belieben zum Abrunden

Zubereitung:
Mehl mit Schneebesen in kalte Flüssigkeit rühren. Unter Rühren zum Kochen bringen. 5–10 Minuten köcheln.
Würzen.
Butter (und Sahne) erst zum Schluss zugeben.

Variante:
Fein gehackte Kräuter zugeben.

Oder fein geschnittene Champignons einige Minuten darin köcheln.
Oder
Kapern
Oder
Tomatenmark
Oder
Meerrettich
Oder
Senf

Probieren Sie selbst Neues aus. Sie werden sehen – es gelingt Ihnen immer und schmeckt.

Brotaufstriche

einfach und schnell gemacht

Die Zutatenmenge gilt für zwei bis vier Personen – je nach Appetit oder Verwendung. Wenn Sie ein reichhaltiges Sonntagsfrühstück einplanen und verzehren, reicht ein viertel Pfund Butter für vier Personen und mehr, weil ja vermutlich alles andere auch probiert wird.

Alle genannten Aufstriche halten sich (gut abgedeckt) im Kühlschrank mehrere Tage.

Knoblauchbutter

Zutaten:

- 125 g Butter zeitig aus dem Kühlschrank nehmen
- 2–3 Knoblauchzehen sehr, sehr fein schneiden
- ½ TL Kräutersalz
- ½ TL frisch gemahlener Pfeffer (grüner oder schwarzer)

Die weiche Butter schaumig schlagen. Alle Zutaten gründlich vermengen.

Roter Brotaufstrich

Resteverwertung aus altem Brot

Zutaten:

- 100 g altes, getrocknetes Brot oder Paniermehl
- 100 g Mohrrüben sehr fein reiben
- 100 g Tomatenmark
- 2–3 Knoblauchzehen
- Olivenöl
- Kräutersalz

Zubereitung:
Brot fein reiben, mit fein geriebenen Mohrrüben und Tomatenmark unter Beigabe von Olivenöl zu einer streichfähigen Paste vermengen.
So viel Olivenöl zufügen, wie die Masse aufnimmt (etwa eine halbe Tasse – auch mehr erlaubt!).

Sehr fein geschnittener Knoblauch und Kräutersalz zum Schluss unterrühren.

Variation:
Die Masse ohne Mohrrüben herstellen. Sie ist dann etwas krümelig.
Nun mit 125 g schaumig geschlagener Butter gut vermengen.

Kräuterbutter

Zutaten:

125 g Butter zeitig aus dem Kühlschrank nehmen, so dass sie weich ist.
$1/2$ TL Kräutersalz
reichlich fein geschnittene Kräuter Schnittlauch, Petersilie, Kerbel, Sauerampfer, Thymian, Basilikum, Maggikraut oder/und andere

Butter schaumig schlagen.
Alle Zutaten vermengen.

Kräuterpesto

… eignet sich wunderbar als Brotaufstrich. Das Rezept finden Sie auf S. 54.

Sesambutter

Zutaten:

125 g Butter zeitig aus dem Kühlschrank nehmen
50 g Sesam in trockener Pfanne leicht anrösten, bis er duftet. Abkühlen lassen. Grob mahlen (Mühle mit Stahlmahlwerk).
$1/2$ TL Vollmeersalz
2 MS frisch gemahlener Pfeffer (grüner oder schwarzer)

Weiche Butter schaumig schlagen.
Alle Zutaten vermischen. Kräftig abschmecken.

Zwiebelbutter

Zutaten:

125 g Butter zeitig aus dem Kühlschrank nehmen, so dass sie weich ist. Schaumig schlagen.
2 EL Butter extra
1 mittelgroße Zwiebel (ca. 80 g) sehr fein würfeln und in wenig Butter goldbraun braten.
$1/2$ TL Kräutersalz
schwarzer Pfeffer
Delicata
Curcuma

Die abgekühlte Zwiebelmasse mit der weichen Butter und den Gewürzen gut vermengen.

Tipp:
Zur Abwechslung 2–3 Apfelschnitze in der gebräunten Zwiebelmasse mitschmoren. Schmeckt pikant.

Die Aufstriche halten sich einige Tage im Kühlschrank.

An dieser Stelle sei mir Werbung erlaubt. Unser Buch „Streicheleinheiten – Von der Kunst, schmackhafte Brotaufstriche zu zaubern" (Ilse Gutjahr/Erika Richter) ist im emu-Verlag inzwischen in der 16. Auflage erschienen.
Es ist ein Renner. Darin finden Sie mehr als 60 Aufstrichrezepte – pikante und süße.

Fruchtaufstriche

Was bedeutet eigentlich das Wort „Marmelade"? Laut Brockhaus stammt es aus dem Portugiesischen – von marmeo = Quitte. Allgemein versteht man darunter einen süßen Brotaufstrich, der durch das Einkochen von Obstsorten mit Zucker gewonnen wird.

In unserem kleinen Zwei-Personen-Haushalt (mit Enkelkindern gelegentlich vier, als Großfamilie insgesamt acht bis neun Personen) machen wir das schon lange nicht mehr. Zum einen ist es mir zu zeitaufwendig, zum anderen schmeckt uns Rohmarmelade (inzwischen) besser. Dazu werden frische Früchte (zum Beispiel Brombeeren, Himbeeren, Johannisbeeren, Erdbeeren, Aprikosen, Pflaumen, Orangen) mit dem Mixer oder „Zauberstab" püriert. Honig nach Geschmack zugeben, eventuell auch Vanillegewürz, Zimt, klein geschnittene Minze – ganz nach individuellem Wunsch. Ziehen frische Früchte zu viel Saft, können sehr fein geriebene Mandeln oder Haselnüsse untergerührt werden. Oder geben Sie zerkleinerte getrocknete Aprikosen (ungeschwefelt) beim Mixen der Früchte dazu. Die Trockenfrüchte nehmen den überschüssigen Saft der frischen Früchte auf, so dass eine gut streichfähige Konsistenz erreicht wird.

Oder fangen Sie den Saft auf und binden sie ihn mit Reismehl. Dann unter die pürierte Fruchtmasse ziehen.

Und welche Menge?

Etwa ein Drittel zerkleinerte Trockenfrüchte auf die zu verarbeitende Menge der frischen Früchte reichen normalerweise, um die gewünschte Streichfähigkeit zu erreichen.

Andicken bzw. Binden mit Reismehl

Gefrorene Früchte geben durch das Auftauen mehr Flüssigkeit ab. Den Saft auffangen und mit Reismehl aufkochen, danach noch warm wieder mit der Fruchtmasse verrühren.

20 g feines Reismehl (Vollkornmehl) binden 100 g Flüssigkeit so stark, dass ein fester Brei entsteht.

Reismehl mit dem Schneebesen in die kalte Flüssigkeit rühren. Unter Rühren zum Kochen bringen und fünf Minuten auf der abgeschalteten Herdplatte ausquellen lassen. Noch warm unter die pürierten Früchte geben.

Tauen Sie also zum Beispiel ca. 300 g Erdbeeren auf, fallen etwa 100 g Saft an. Bei weniger oder mehr Früchten bzw. Fruchtsaft die Menge des Reismehls entsprechend ab- oder aufrunden.

Orangenmarmelade

Zutaten:

- 2 Apfelsinen
- 4–5 getrocknete Aprikosen, ungeschwefelt
- 1 EL Zitronensaft
- 1 TL Orangeat
-     Honig nach Geschmack

Unbehandelte Apfelsinen schälen, zerteilen, Kerne entfernen.
Mit den Trockenfrüchten und anderen Zutaten pürieren.
Durch die Zugabe von Trockenfrüchten wird der Aufstrich dunkler.

Oder
Eine größere Menge herstellen. Saft der Früchte auffangen und mit Reismehl aufkochen. Warm unter die pürierten Früchte mischen.
10 g Reismehl binden 100 g Flüssigkeit.

Orangeat/Zitronat

Die Schale der unbehandelten Orangen oder Zitronen (ganze Frucht) mit einer Handreibe (Kartoffelreibe) entfernen. Etwa im Verhältnis 1:1 mit Honig gut vermischen. In Schraubgläser füllen. Das Orangeat/Zitronat muss vom Honig bedeckt sein.

Hält sich kühl gelagert mehrere Wochen.

Tiefkühlung

Als in den fünfziger Jahren nicht mehr so viel eingekocht wurde wie zu Omas Zeiten, sondern die Tiefkühltruhen die Haushalte eroberten, schmeckte alles „anders". Irgendwie komisch. Wir waren den neuen Geschmack nicht gewohnt.

Bisher waren Erdbeeren, Süß- und Sauerkirschen, Pflaumen, Spargel, Bohnen, Erbsen usw. als Wintervorräte eingekocht worden. Der Geschmack war vertraut. Jetzt schmeckten zum Beispiel Erdbeeren nicht mehr so wie die frisch gepflückten, aber auch nicht so wie die vertrauten gezucker-

ten, eingemachten. Doch es dauerte nicht lange, und die „Frische aus dem Gefrierschrank" wurde nicht nur aus zeitlichen Gründen dem früheren Gekochten vorgezogen. Es war doch noch mehr Aroma, mehr Natürlichkeit vorhanden.

Wer den gewohnten Marmeladengeschmack nicht missen will, dem steht es frei, wie früher vorzugehen und althergebracht zu kochen. Unser Ding in unserem Haushalt ist es nicht (mehr). Wir mögen die frische Marmelade lieber. Weil wir uns daran gewöhnt haben. Und letztendlich enthält sie noch die wichtigen Vitalstoffe (biologischen Wirkstoffe).

Derjenige, der Leber-, Galle-, Magen-, Darm- und Bauchspeicheldrüsenkrankheiten hat, sollte sowieso mit gekochtem Obst zurückhaltend sein. Dazu gehöre ich zum Glück nicht (mehr), aber vielleicht Sie. Wenn ja, dann lesen Sie, bevor Sie zeitraubend Marmelade kochen, lieber die Schrift „Das Verträglichkeitsproblem" von Dr. M. O. Bruker (emu-Verlag).

Tipp:
Beerenobst auf einem Tablett oder Backblech einzeln verteilen (s. Foto) und vorgefrieren. Danach die gefrorenen Beeren in Beutel oder Behälter füllen. Diese kleine Mühe verhindert, dass das Obst zerdrückt wird und Saft verliert.

Backen mit Vollkornmehl

Backen ist mir zu kompliziert.
Für unseren kleinen Haushalt lohnt sich die Bäckerei nicht.
Ich bin Single, damit habe ich nichts am Hut.

Kommen Ihnen diese Gedanken bekannt vor?

Dann fangen Sie doch mit ganz einfachen Alltagsrezepten an.
Sie gelingen Ihnen!

Probieren Sie mal das einfache Fladenrezept und den Sonntagsfladen.

Vollkornmehl sollten Sie möglichst frisch gemahlen verwenden.
Wenn Sie es ernst meinen mit Ihrer Gesundheit, lohnt sich die Anschaffung einer Getreidemühle.

Aber lesen Sie doch zuerst die herrliche Geschichte über den „Bachtag" (kein Schreibfehler!), wie der österreichische Volksschriftsteller Peter Rosegger (1843–1918) ihn beschreibt.

Der Bachofen
von Peter Rosegger

Jener Stand, der das Brot erzeugt, kennt weder Mühlner noch Bäcker. Ein Bauer, der beim Mühlner mahlen lässt und beim Bäcker das Brot kauft, ist schon kein Bauer mehr, ist schon auf der Rutsche. Hundertfältig sind die Arbeitszweige in einer wohlbestellten Bauernwirtschaft. Ich will hier nur ein paar Beispiele geben von ihren Einzelheiten. Also das tägliche Brot. Im Bauernhause vom alten Schlag ist der Hausvater Mühlner und die Hausmutter Bäcker. Der Bauer hat seine eigene Mühle mit ein oder zwei „Laufern" (Betrieben). Gibt's auf eigenem Grund und Boden nicht die nötige Wasserkraft, so steht seine Mühle altrechtlich am Bache eines Nachbargrundes. Ein ordentlicher Bauer, der nebst seiner oft vielzweigigen Landwirtschaft allerlei Gewerbe verstehen und betreiben muss, mahlt sein Korn gleich einem tüchtigen Mühlner. Und aus gutem Mehl ein gutes Brot zu backen, daraus macht die Hausmutter sich eine Ehre.
So ungefähr alle zwei Wochen ist „Bachtag", ein gar bewegter Tag. Eine Hausmutter, die beim „Bachen" nicht „grantig" wird, hat starke Nerven. Keine ist ihrer Sache sicher. Es gibt allzu viele Zufälligkeiten, die die „Bäck" misslingen lassen können. Die Hausmutter muss an alles denken, ihre Augen und ihre Hände überall haben, wenn auch unterstützt von mehreren Mägden, die an dem Tage in fieberhafter Aufregung sind.

Schon am Vortage wird von der Hinterkammer der große Backtrog in die Stube getragen, dann schütten sie einen Sack voll Mehl (Roggen- oder auch Hafermehl) hinein, weichen es mit mehreren Kübeln voll Wasser an und versetzen es mit „Ura". Das ist der Sauerteig. Dann möchte ich die junge Bäuerin kennen, die gleich das erstemal weiß, wieviel Salz in den Trog kommen muss, wieviel Anis oder Kümmel oder „Brotsamen". Auch darauf ist zu achten, ob das Mehl fein oder grob, feucht oder trocken, kalt oder durchwärmt ist. Aber noch schwerer als der Kopf müssen die Hände arbeiten, besonders beim „Kneten", das mit den nackten Armen eine Stunde lang so heftig geschieht, dass der Schweiß vom Gesichte rinnt. Eine Bäck hat ungefähr fünfzehn große Laibe und noch etliche „Stritzel", weckenartige Gebäcke für die Hauskinder oder Armen. In dem großen finstern Kachelofen, der zumeist vom Küchenherd aus heizbar, auch zum Durchwärmen der Hausstube bestimmt ist, wird von einem Knaben der Scheiterstoß geschichtet. Alles das muss am Vortag vorbereitet werden.

Am Bachtage selbst wird „in aller Herrgottsfrüh" der Scheiterstoß im Kachelofen angezündet. Es knistert und schnalzt, dass man glauben könnte, das ganze Haus stehe in Flammen. Bald herrscht in der Stube die Wärme eines Schwitzbades, „hell zum Dersticken!" Aber die Hausmutter öffnet keine Tür und kein Fenster. Nichts in ihrem ganzen Haushalte ist so wichtig, als dass beim Bachen alle Löcher geschlossen bleiben! Ein einziger Luftzug und es „geht" der Teig nicht oder er „fällt zusamm". Es vollzieht sich die Gärung nicht und das Zeug bleibt „ein Batzen". Wenn alles recht ist, dann kommt die Magd mit den aus Stroh geflochtenen schüsselförmigen „Brotkörbeln". Es macht sich die Hausmutter ans „Auskörbeln", bei welchem der Teig klumpenweise aus dem Trog genommen, mit trockenem Mehl überstreut, dann jeder Klumpen in ein Körbel „gelupft" und auch danach geformt wird. Während diese Teiglaibe in den Körbeln auf Tisch und Bänken herumstehen, ist noch die allergrößte Vorsicht nötig, dass kein kühles Lüftchen in die Stube dringt. „Blattern am Leib und Brot im Körbel brauchen Hitz!" sagt die Bäuerin mehr sorgenvoll als geschmackvoll. Wer jetzt ein Fenster aufmachte, den würde sie sofort mit der Ofengabel durchbohren und dann vor Gericht sich bloß damit rechtfertigen: „Er hat beim Bachen ein Fenster aufgemacht!"

Über dem Küchenherd ist das Ofenloch. Während des Feuers schlägt die Lohe hervor und der herauswirbelnde Rauch steigt in den „Feuerhut" auf, aus welchem er dann nach Irrgängen durch die Küche den Weg in den Rauchfang findet. Ist im Ofen der Scheiterstoß zu Asche verbrannt, dann kommt die Hausmutter mit der „Ofenkruck", an langem Stiel ein Hakenbrettchen, mit dem Kohlen und Asche herausgezogen werden. Wohl geschieht es, dass dabei die hölzerne Ofenkruck lichterloh zu brennen anhebt; ein Stoß in den Wasserbottich, und mit feuchtem, rauchendem Werkzeug wird der Aschenrest aus dem Ofen geschafft; vielleicht noch ein Wischer mit feuchtem Besen und das glühheiße Ofenpflaster ist bereit, das Brot aufzunehmen.

Es kommt das „Einschießen". Die Hausmutter hat an langem Stiel eine Holzscheibe, die „Ofenschüssel". Auf diese wird aus je einem Körbel ein Teiglaib gestürzt. Dann führt sie ihn beim Scheine eines brennenden Spanes in den heißen Ofen, möglichst in den Hintergrund, damit all die folgenden noch Platz finden. Sind alle Teiglaibe drin, dann rasch den Blechdeckel vors Ofenloch gestülpt. – Die Arbeit der Hausmutter ist einstweilen beendet; bangend und hoffend wie der Glockengießer, der das Erz der Form anvertraut hat, wartet sie nun, was werden kann. Dass sie sich auch jetzt nicht einen Augenblick Ruhe gönnt, versteht sich. Zuckt es doch in Händen und Füßen. Wie soll sie müßig sein, während im Ofen das Wichtigste geschieht. Zuerst eilt sie an alle Türen und Fenster, um nachzusehen, ob alles zu ist. Wer draußen ist, darf nicht herein, wer im Hause ist, darf nicht hinaus. Auf wie lange? Die paar Stunden müssen genau gemessen werden.

Endlich – die Zeit ist um. Die Hausmutter entfernt den Blechdeckel und zieht mit der Ofenkruck einen Laib heraus. Der hebt sich rundlich, zeigt noch die Flechtform des Körbels und hat eine bräunliche Farbe. Es scheint gelungen. So heiß er noch ist, sie nimmt ihn in den Arm und schneidet ein „Scherzel" ab. Es ist gelungen. Gott Lob und Dank! Die Schmolle ist gut ausgebacken, hat ihre trockenen Blasenlöcherchen und legt sich überall gut an die Rinde.

Das Werk ist vollendet. Die übrigen Laibe können herausgezogen werden oder noch ein wenig drinnen bleiben, sie können mit dem „Börstel" abgeäscht werden oder nicht, sie können mit lauem Wasser oder mit Milch bestrichen werden, eines schönen Glanzes wegen, oder auch nicht – jede Hausmutter hält es hierin anders.

Nun können die Haustüren auf und zu gehen, können die Fenster geöffnet werden. Nun kann die verschobene Mahlzeit gekocht, der Tisch in der Stube gedeckt werden. Nun haben wir Appetit. Das Brot aber wird an diesem Tage nicht verkostet. Es werden Erinnerungen erzählt, wie sich neugebackenes Brot im Magen manchmal aufgeführt hat.

Ich getraue mir kaum zu erzählen, wie es hergeht, wenn „die Bäck" misslang! – Wenn die aus dem Ofen gezogenen Laibe platt und gedrückt daliegen, wenn die Schmolle „speckig" ist, wenn sie „derb", d.h. noch teigig ist, wenn zwischen Schmolle und Rinde eine leere Kluft gähnt. Da habe ich manche gute Hausmutter aufstöhnen gehört, als ob ihr ein Messer in den Bauch gefahren wäre. Ihre Hausehre wird bis auf die letzte Möglichkeit verteidigt. Das „Ura" war schlecht. Das Mehl ist zu kalt von der Mühle gekommen, das Ofenholz ist feucht gewesen, von einem Fenster hat die Luft gezogen, oder es ist gar eine neidische Nachbarin vorbeigegangen und hat die Bäck verhext! – Das missratene Brot ist übrigens auch nicht wertlos; es wird – wenngleich mit einiger Vorsicht – in den Suppen gegessen und der Schragelhofer ist sogar ein Freund von „derbem" Brot, er sagt, es sei der Segen Gottes dabei, denn es reiche länger und gäbe mehr aus als ein gut gebackenes. Man kann ihm das aufs Wort glauben.

Sind nun alle Brotlaibe aus dem Ofen gezogen, so werden sie in der Küche noch vorsichtig abgekühlt, dann in den Dachboden getragen und in die Brotdrendl gestellt. Die „Brotdrendl", das ist ein zumeist frei vom Dach niederhängendes waagrechtes Holzgestell, in welches zwischen reifenartigen Aufsätzen die Laibe so gelehnt werden, dass jeder für sich gesondert der Luft ausgesetzt ist. Das macht das Brot trocken und schützt es vor Mäusen, wenn nicht etwa eine oder die andere so schlau ist, den Weg von oben herab am Stricke zu nehmen. Von dieser „Drendl" verschwindet im

Laufe der vierzehn Tage ein Laib um den andern, bis die neue „Bäck" sie wieder füllt.

Wenn das Brot aus dem Ofen gezogen ist, so wird die etwa noch vorhandene Ofenhitze zu weiterem benützt. Es wird Korn, Obst oder „Hablam" in ihm gedörrt. Hablam oder Heublum sind die Blüten- und Samenabfälle des Heues, aus denen nach dem Trocknen Mehl für Mastvieh bereitet wird.

Endlich pflegt die Hausmutter zeitweilig auch das Bettzeug der Familie in den noch heißen Backofen zu stecken, weil dieses Mittel noch wirksamer sein soll als Zacherlpulver. Zur Winterszeit wird der noch warme Ofen nächtig manchmal als Schlafstelle benützt.

Wir aber wollen von der neuesten „Bäck" nun verkosten. Einen der pfundschweren Laibe nehmen wir, bekreuzen ihn dreimal mit der Messerspitze, schneiden ein Stück ab. Und nun gesegne Gott den Bissen Brot, der auf unserem Heimboden gewachsen, durch unseren Fleiß gediehen, durch unsere Kunst geformt, Gottes und unser Werk ist. Und vergessen wir nicht des Wahrwortes: Eigen Brot macht stark!

Dr. M. O. Bruker:

Man kann einem Brot mit bloßem Auge nicht sicher ansehen, ob es ein Vollkornbrot ist oder nicht. Wenn vor der Schrotung der Keim entfernt wird, hat das Brot zwar grobe Struktur, ist aber kein Vollkornbrot. Wird aber das ganze Korn zu feinstem Mehl vermahlen, ist es trotz der Feinheit ein Vollkornmehl. Die tägliche Erfahrung in der Ernährungsberatung zeigt, dass über diese grundsätzlichen Dinge leider keine Kenntnisse vorhanden sind.

Essen und trinken Sie nichts, wofür Werbung gemacht wird.

Es ist ein trauriges Kapitel menschlicher Geschichte, dass der Mensch sich so weit hat beeinflussen lassen, dass er der Nahrung um so mehr traut, je unnatürlicher und künstlicher sie ist, und dass er sich das Misstrauen zu allen Lebensmitteln, wie die Natur sie uns beschert, so fest hat einpflanzen lassen, dass er eher zugrunde geht, als diese Haltung aufzugeben. Dass er dieses Misstrauen zur Schöpfung selbst nicht als Unrecht und widersinnig empfindet, ist ein Zeichen dafür, wie weit er sich durch ständige Fehlinformation seinen Instinkt hat nehmen lassen.

Dr. M. O. Bruker
(1909–2001)

Althergebrachtes und Bewährtes

Immer wieder stöbern Mathias und ich in Antiquariaten, um fündig zu werden, auch im Urlaub, und dann ganz besonders. Immer wieder finden wir wahre Schätze. Manch kostbare Buch-Exemplare verschwinden vom Markt, weil sie dem Zeitgeist nicht (mehr) entsprechen.
Wie schade, denn Althergebrachtes, Bewährtes kann nicht verbessert, allenfalls verschlimmbessert werden. Besonders im Ernährungsbereich wird dies deutlich.
Nach Auffassung der Fast-Food- und High-Tech-Nahrungshersteller (und deren Interessenvertreter) ist man nicht mehr ausreichend ernährt, wenn man normal isst (ist).

Kürzlich entdeckte ich das Buch „Salzseen und Steppen" (von Ferdinand Starmühlner). Der Autor beschreibt seine Reiseerlebnisse 1949/50 in Persien/Afghanistan. Ein Jahr lang lebte er dort und lernte Land und Leute gründlich kennen.
Er berichtet von goldgelben Weizenfeldern – seit Urzeiten angebaut –, die von Nomaden mit der Sichel (!) gemäht wurden. „Vor den Zelten", so Starmühlner, „sieht man dann allenthalben Frauen sitzen und die Getreidekörner mit der Handmühle zu Mehl verarbeiten ... Das flache Fladenbrot wird aus einem mit einer Steinmühle grob vermahlenen Mehl, Wasser und Salz zubereitet, der Teig in runde, flache, omelettartige Blätter gewalzt und auf heißen Steinen in einem verdeckten Erdloch gebacken."
Ab Mitte Mai sind die jahreszeitlichen Temperaturen zu hoch (50° im Schatten), so „werden Weideland und Äcker verlassen, und Mensch und Tier ziehen bis zum nächsten Frühjahr in das kühlere Gebirge nach Norden".

Nomaden sind ein zähes Volk, die ihr einfaches Leben im geschlossenen Familienverband führen und den klimatischen Gegebenheiten entsprechend ihren Wohnsitz ständig wechseln. Sie leben in Zelten oder einfachsten Hütten. Diesen Belastungen wären wir Verweichlichten, die bei kleinsten Temperaturschwankungen nach unten schon die Heizung nach oben drehen, gar nicht gewachsen. Und diese Leistungsfähigkeit haben sie, obwohl (weil) einfache Nahrung, und dazu gehörte Weizen, ihre Grundversorgung war.
Natürlich wollen, sollen und können wir nicht leben wie die Nomaden. Wir sitzen hier in einem anderen Weltteil und Kulturkreis. Aber die Gewohnheiten der noch „normal" lebenden Menschen sollten uns doch nachdenklich stimmen.

Statt dessen lassen wir uns verunsichern von Lebensmittelchemikern, die in letzter Zeit vor dem Verzehr von Weizen warnen (warum eigentlich nur vor Weizen?). Dieses Getreide gibt es schon seit Jahrtausenden. Hinterfragen Sie einmal, welche Interessengruppen hinter diesen Warnungen stecken! Dieselben Warner geben den industriefreundlichen Rat, alles das zu essen, „was Ihnen schmeckt". Mit diesem Ratschlag (es ist wirklich ein Schlag) gerät der Verbraucher vom Regen in die Traufe.

Probieren Sie doch einmal ein „Fladenbrot nach Nomadenart" aus. Dazu brauchen Sie keine Steine und kein Erdloch, sondern nur Weizen, Wasser, Salz und einen Backofen! Noch warm aus der Hand gegessen mit Kräuterbutter, Knoblauchbutter oder Chilisoße ... ein Genuss!

Einfaches Fladenbrot nach Nomadenart

Zutaten:

500 g Weizenvollkornmehl
1 TL   Salz
300 g Wasser

Zubereitung:
Weizenvollkornmehl mit Vollmeersalz und nach und nach so viel Wasser verkneten, dass es einen relativ festen formbaren Teig ergibt.

Kleine Kugeln formen und mit dem Teigroller auf dem gefetteten Blech zu sehr dünnen Blättern (s. Foto) ausrollen – sie dürfen „ausgefranst" aussehen und etwa handflächengroß sein.

Die Teigmenge reicht für zwei normal große Backbleche.

Bei ca. 200 Grad 10–15 Minuten backen. Die Fladen sind hellbraun und knusprig.

Die Backzeit hängt von der Dicke des ausgerollten Fladens ab.

Es gibt Fladenprofis, die meinen, der Teig müsste so dünn sein, dass man dadurch eine Zeitung lesen könne. Zu diesen Profis gehöre ich nicht. Die Fladen schmecken trotzdem super.

Leckere Variation: Eine Handvoll Sesam unter den Teig kneten.

Wenn nicht alles aufgegessen wird, in Blechdosen aufbewahren, damit die Fladen knusprig bleiben.

Sonntagsfladen für Feinschmecker

Rezept von Gabi Rosenzopf

Zutaten:

100 g Weizenschrot, fein
150 g Dinkelmehl
1 TL   Vollmeersalz
70 g   Butter
250 g Sahne-Wasser-Gemisch ($^1/_2$ und $^1/_2$)

Zubereitung:
Zutaten zu einem weichen Teig verkneten und etwa 1 Stunde quellen lassen.
Mit bemehlten Händen aus dem Teig 12 Kugeln formen, die auf dem mit Weizenschrot bestreuten Backbrett zu sehr dünnen Fladen ausgerollt werden.

Mehrere Fladen auf ein <u>ungefettetes</u> Blech legen.

Bei 175 Grad 10–15 Minuten goldbraun und knusprig backen.

Trocken aufbewahren.

Vollkornbrötchen aus Südtirol

Rezept von Sepp Thaler

Zutaten:

500 g Weizenvollkornmehl
500 g Roggenvollkornmehl
1 l Wasser (warm)
40 g Hefe
20 g Vollmeersalz

Zubereitung:
Warmes Wasser, Salz und Hefe in eine Schüssel geben, verrühren.
Anschließend das frisch gemahlene Vollkornmehl nach und nach unter kräftigem Rühren dazugeben.

Mit der Teigkarte kleine Teigstücke auf das gefettete oder mit Vollkornschrot bestäubte Backblech legen.
Die Teigstücke gehen lassen, bis sie Bläschen bekommen.
Der Teig geht schon nach kurzer Zeit auseinander, da er viel Wasser enthält.

Bei größtmöglicher Hitze im Backrohr ca. 20 Minuten backen.

Tipp:
Außer Weizen und Roggen können auch andere Getreidearten in kleineren Mengen beigefügt werden.

Der Teig kann nach Herzenslust gewürzt werden.

Sollte der Teig einmal nicht aufgehen, dann legt man die Teigstücke zusammen und gibt etwas warmes Wasser dazu und legt mit der Teigkarte wiederum einzelne Teigstücke auf dasselbe Backblech.

Erikas Dinkelbrötchen

bewährtes Rezept aus dem Buch „Streicheleinheiten", emu-Verlag

Zutaten:
750 g Dinkelvollkornmehl
420 g Wasser
1 Würfel Hefe
2 TL Vollmeersalz

Diese Menge ergibt 13 Brötchen.

Veränderung: 100 g Sonnenblumenkerne oder 100 g grob geschroteten Hafer in den Teig einkneten.

Zubereitung:
Frisch gemahlenen Dinkel in eine Schüssel geben, in die Mitte eine Vertiefung drücken. Hefe in etwa 100 g warmem Wasser (von der vorgegebenen Wassermenge abnehmen) auflösen, in die Mehlmitte gießen und zu einem dicklichen Brei verrühren.
Mit Mehl bestäuben, etwa 15 Minuten gehen lassen. Salz im restlichen Wasser auflösen, etwa 5–10 Minuten mit dem Teig verkneten, bis er zäh wird.
Mit angefeuchtetem Löffel pfirsichgroße Stücke abstechen, mit angefeuchteten Händen zu runden oder länglichen Brötchen formen und sofort auf ein gefettetes Blech setzen.
Mit Wasser besprühen.

Sofort in einen auf 250 Grad vorgeheizten Backofen schieben.

Backzeit:
250 Grad 10 Minuten, danach
200 Grad 10 Minuten

Nach dem Backen nochmals mit Wasser besprühen.

Tipp:
Wenn die Brötchen einen Schnitt haben sollen, wird mit einem feuchten Messer ein Schnitt in die Mitte des Brötchens gezogen.

Wenn die Zubereitung noch schneller gehen soll, kann auf die erste Gehzeit von 15 Minuten verzichtet werden.

Wenn die Brötchen in einer Pizzaform oder Springform dicht zusammengesetzt werden, ergibt dies ein dekoratives Partyrad.

Variation:
Bevor die Brötchen aufs Blech gesetzt werden, mit Wasser bestreichen und die Oberseite in Mohn, Sesam oder Sonnenblumenkernen wälzen.

Leilas Sesamringe

... auf Vorrat backen und einfrieren
... oder für den kleinen Haushalt bzw. Singles nur die Hälfte der unten genannten Menge zubereiten.

Dieses Rezept verdanken wir einer türkischen Mitarbeiterin. Im Handumdrehen zauberte sie in unserer Lehrküche im Bruker-Haus Sesamringe aufs Blech – ähnlich den Fladen, wie sie in türkischen Gemüseläden zu bekommen sind. Marianne Keutgen, Gesundheitsberaterin GGB, sah zu, war begeistert und brachte den Vorgang aufs Papier.

Zutaten:

1 kg	Weizenvollkornmehl
250 g	weiche Butter (rechtzeitig aus dem Kühlschrank nehmen)
$^1/_2$ l	Wasser-Sahne-Gemisch (zu gleichen Teilen)
1	Würfel Hefe
3 TL	Vollmeersalz
	Sesam

Zubereitung:
Flüssigkeit in große Schüssel geben. Salz und Hefe darin auflösen, mit dem Mehl verkneten. Alles gründlich kneten! Danach erst die weiche Butter einkneten. Es soll ein weicher Teig entstehen. Gut 10 Minuten kneten. Dann abdecken und eine halbe Stunde bei Zimmertemperatur gehen lassen.
Noch einmal gut durchkneten. Der Teig muss federn, also nicht kleistern oder kleben!
Kleine Teigstücke von etwa 80 g Gewicht mit dem Teigschaber abstechen. Zu einer „Wurst" rollen, an den Enden fassen, umeinander zwirbeln und zu einem Ring zusammenlegen.
Teigoberfläche zuerst in Wasser, dann in Sesam tauchen.
Auf ein gefettetes Blech legen. Nochmals 20 Minuten gehen lassen.

Bei 200 Grad etwa 20 Minuten mit Dampf backen.

Wenn die nicht gegessenen Ringe abgekühlt sind, einfrieren und nach Bedarf entnehmen.
Zum „Auffrischen" die gefrorenen Teile 10–15 Minuten in den auf 200 Grad vorgeheizten Backofen schieben.

Tipp:
Das oben genannte Sesamrezept ist geduldig und strapazierfähig. Lassen Sie doch mal Ihre kleinen Kinder oder Enkelkinder damit nach Herzenslust kneten und formen. Wenn sie vorher auch noch das Getreide mahlen durften, danach kneten, backen, essen oder/und mit nach Hause nehmen, ist ein Nachmittag schnell herum und das lustige Lernerlebnis gesichert. Na ja, und wenn die Küche dann nicht mehr so nobel, sondern überholungsbedürftig aussieht ... was macht das schon, gemessen an dem Spaß, den alle hatten!
Zwischendurch erzähle ich Geschichten und Märchen. Zur Zeit sind bei uns „Die Bremer Stadtmusikanten" gefragt. Jeder spielt dann seine Rolle bis hin zum genüsslichen Essen an der Tafel ... ja, und inzwischen sind die Brötchen gar!

Schnelles Dinkel-Buchweizen-Brot

aus: *Streicheleinheiten*, emu-Verlag

Zutaten:

400 g	Dinkel
100 g	Buchweizen
2 TL	Vollmeersalz
2–3 EL	Obstessig
25 g	Hefe
$1/_2$ l	warmes Wasser
	je eine $3/_4$ Tasse Leinsamen, Sesam, Sonnenblumenkerne (nicht mahlen!)

Zubereitung:
Dinkel und Buchweizen fein mahlen.
Hefe in warmem Wasser auflösen.
Alle Zutaten in einer Rührschüssel mit dem Elektrorührer verrühren.
Die Masse in eine gefettete Kastenform geben. *Nicht mehr gehen lassen!*

Backzeit:
Im vorgeheizten Ofen ca. 1 Stunde bei 220 Grad backen.

Roggen-Mischbrot

Machen Sie doch mal einen Familienbacktag am Wochenende.
Wir finden immer Abnehmer für unsere Brote und backen daher mehr.
Wer kleineren Bedarf hat, halbiert oder drittelt die Zutatenmenge.

Zutaten für vier runde Brotlaibe:

3,5 kg	Roggenvollkornmehl
1 kg	Weizenvollkornmehl
3 El	Vollmeersalz
100 g	Hefe
2–2,5 l	Wasser
100 g	Apfelessig

Zubereitung:
Dazu schüttet man das Mehl in eine große Schüssel oder in einen Backtrog.
In der Mitte der Mehlmenge eine Kuhle machen und darin die in 1 l Wasser aufgelöste Hefe mit etwas Mehl zu dickem Brei verrühren.
Mit Mehl bestreuen, mit einem Tuch bedecken. Im warmen Raum eine Stunde gehen lassen.
Die Oberfläche zeigt nun Risse.
Jetzt diesen Vorteig mit dem restlichen Mehl, Wasser, Salz und Apfelessig **tüchtig** kneten. So lange, bis er nicht mehr an den Händen klebt (etwa 20 Minuten). Teig zudecken und 1–1$1/_2$ Stunden gehen lassen.
Auf bemehltem Tisch zu runden Kugeln formen, noch einmal durcharbeiten.
In bemehlte 1,5 kg-Brotkörbe legen. Mit Tuch bedecken. Eine halbe Stunde gehen lassen.
Auf gefettetes Blech stürzen.
Mit Wasser besprühen (geht am besten mit Blumenspritze).

Im vorgeheizten Ofen bei 220 Grad 1 Stunde backen.

Nach dem Herausnehmen noch einmal mit Wasser besprühen.
Zum Auskühlen auf den Rost oder ein Kuchengitter legen.

Das Rezept funktioniert auch ohne den „Beschleuniger" Apfelessig. Dann sollte der Vorteig aber am Abend vorher angesetzt werden, um über Nacht in Gang zu kommen. Am nächsten Morgen wie oben angegeben weiter verarbeiten.

Besondere Backtipps:

Was heißt „mit Dampf bzw. Schwaden" backen?

Auf den Boden des Backofens ein mit Wasser gefülltes feuerfestes Gefäß stellen. Hat der Ofen die gewünschte Backtemperatur erreicht, wird das Wasser kochen bzw. tüchtig dampfen. Durch diesen Dampf (Schwaden) gehen die Brötchen (oder Brote) besser auf, kriegen Farbe.

Wann sind die Brötchen gar?

Wenn Sie die untere Seite des Brötchens abklopfen, muss es hohl klingen.

Lange Teigführung – was ist das?

Falls Sie sich zum Back-Experten entwickeln, begegnen Sie sicher einmal dem Begriff „Lange Teigführung".
Die lange Teigführung nimmt den Hefegeschmack und gibt ein noch besseres Backergebnis. Probieren Sie es einmal aus, wenn Sie sowieso zu Hause sein wollen, um zwischendurch andere Dinge zu erledigen oder ein Buch zu lesen, das Sie schon immer lesen wollten oder ... oder ... Denn die lange Teigführung macht nicht viel mehr Arbeit. Sie müssen lediglich ab und zu nach ihm sehen, den Rest macht der Teig alleine.
Folgende Empfehlung stammt von Waltraud Becker. Sie ist Hauswirtschaftsmeisterin, Gesundheitsberaterin GGB und in meinen Augen die „Getreidefachfrau".

1. Teigstufe
Hefe in Flüssigkeit auflösen, Salz zugeben, ungefähr ein Drittel des Vollkornmehls einrühren. Den weichen Teig gut zudecken, 30–45 Minuten ruhen lassen. Zeitschaltuhr stellen!

2. Teigstufe
Weiche Butter zugeben und das zweite Drittel des Vollkornmehls, alles gründlich miteinander verkneten. Über die weiche Teighaut eine Handvoll Vollkornmehl streuen (zur „Selbstbedienung"). Die Schüssel erneut gut zudecken und dem Teig eine Stunde Ruhe geben. Zeitschaltuhr stellen!

3. Teigstufe
In den gut aufgegangenen Teig das restliche Vollkornmehl einarbeiten, am besten per Hand. Der Teig sollte sich geschmeidig zeigen, das heißt der Rand gibt auf Druck nach und bricht nicht ein. Eine weitere Teigruhe von 30 Minuten wirkt sich günstig auf die Beschaffenheit aus. Zeitschaltuhr stellen!

Danach kann es losgehen mit dem Ausformen und Backen.

Trost für Anfänger

Wenn Sie eines Tages so weit sind, dass Sie mit dem Teig auf „Du und Du" stehen, werden Sie die Mengen nicht mehr abwiegen, sondern nach Augenmaß und Gefühl vorgehen.

Wenn wir Urlaub im Süden in einem Ferienhaus machen (der einzige Luxus dort ist eine Getreidemühle), backe ich in einem ganz simplen Elektrogrill Brot, Brötchen, Fladenbrot, Pizza – je nach Bedarf. Die Getreidemenge wird nach Gefühl bestimmt, die weiteren Zutaten Wasser, Salz, Butter bzw. Öl ebenfalls.

Das Gebäck gelingt – ohne Ausnahme – immer! Wichtig ist es, dass der Teig die geschmeidige, federnde Konsistenz hat. Und das kriegen Sie mit dem richtigen „Teiggefühl" hin, wenn Sie mit der Hand kneten!

Brot, wo kommst du her?

Brot, wo kommst du her?
Ei, das ist nicht schwer:
Bin vom Bäcker kommen,
der hat Mehl genommen,
Mehl wohl sieben Lot –
und so bin ich Brot.

Mehl, wo kommst du her?
Ei, das ist nicht schwer:
Bin vom Müller kommen,
der hat Korn genommen,
Korn so Gold wie gehl –
und so bin ich Mehl.

Korn, wo kommst du her?
Ei, das ist nicht schwer:
Bin vom Bauern kommen,
hat den Halm genommen,
aus der Distel Dorn –
und so bin ich Korn.

Halm, wo kommst du her?
Ei, das ist nicht schwer:
Bin vom Würzlein kommen,
Sonn hat mich genommen
aus der Erde Schoß –
und so wuchs ich groß.

Erde, Sonn und Meer,
sprecht, wo kommt ihr her?
Sind von Gott gekommen,
dass für alle Frommen
wachse Brot im Land,
Brot aus Gottes Hand.

Rudolf Otto Wiemer

Ulmer Gewürzkuchen

Zutaten:

450 g Weizenvollkornmehl
200 g Butter
150 g Honig (Leckermäuler nehmen 200 g)
1 Päckchen Lebkuchengewürz
1 MS Nelkengewürz
   etwas Zimt
   etwas Muskat
1 große Tasse Getreidekaffee
2 EL Kakao
   abgeriebene Schale 1 Zitrone
   abgeriebene Schale 1 Orange
1 MS Vollmeersalz
1 Päckchen Backpulver
   Kokosraspel

Wer mag und darf, kann 2–3 EL Rum oder Arrak als „Aroma" zum Teig geben.

Zubereitung:
Butter schaumig rühren, Honig und Mehl (mit Backpulver vermischt) sowie Flüssigkeit nach und nach dazugeben. Mit den Gewürzen zusammen einen Rührteig herstellen, der schwerreißend vom Löffel geht.

Auf ein gefettetes Backblech streichen.
20 Minuten bei 175 Grad backen.

Noch heiß mit Honig bestreichen.
Mit Kokosraspeln bestreuen.
Sofort in Stücke schneiden und zum Auskühlen auf ein Gitter legen.

Gewinnt durch längere Lagerung an Geschmack.

Danke an Barbara Spindler. Sie schickte das Rezept.

Zwetschgenkuchen mit Nuss

Rezept von Gabi Rosenzopf

Zutaten:

1600 g Zwetschgen
400 g Weizenvollkornmehl
2 TL Weinsteinbackpulver
240 g Butterflöckchen
4 EL kaltes Wasser
10 EL gemahlene Haselnüsse
200 ml süße Sahne
2 EL Honig

Zubereitung:
Gemahlene Nüsse in trockener Pfanne leicht anrösten.
Das Mehl mit dem Backpulver vermischen.
Die Butterflöckchen und das Wasser darauf verteilen.
Sechs Esslöffel Haselnüsse dazugeben und rasch zu einem Teig verkneten.
Eine gefettete Springform damit auslegen und einen Rand hochziehen (2 cm).
Die gewaschenen, entsteinten und halbierten Zwetschgen dicht nebeneinander auf den Teig setzen.
Die restlichen Haselnüsse leicht anrösten und mit der Sahne und dem Honig verrühren und über den Pflaumenkuchen verteilen.

Im vorgeheizten Backofen bei 200 °C ca. 35–40 Minuten backen.

Obstboden – ganz einfach

Zutaten:

500 g Vollkornmehl
250 g Butter
¼ l   Wasser-Sahne (halb und halb)
1 MS   Vollmeersalz
       Honig nach Geschmack

Zubereitung:
Mehl und Butter miteinander verreiben. Dann mit anderen Zutaten zu einem glatten Teig verkneten.
Mit nassen Händen auf gefettete Obstbodenform streichen.

Im vorgeheizten Ofen bei 200 Grad 20–25 Minuten hellbraun backen.

Nach dem Auskühlen mit Orangenmarmelade (oder anderem Fruchtaufstrich) bestreichen.
Mit Früchten der Wahl belegen.
Mit Sahne garnieren.

Wer Obstkuchen „mit Guss" wünscht, rührt in 200 g Apfelsaft 15 g Reismehl. Aufkochen lassen und noch warm über die Früchte füllen.

Eingemachtes
Vorratswirtschaft leicht gemacht

Senf

schnell und einfach!

Wenn in unserer Lehrküche im „Bruker-Haus" Kochkurse stattfinden, zeigen wir jedem Teilnehmer, wie er zu Hause selbst Senf herstellen kann.

Zutaten:

50 g Senfkörner, fein gemahlen (Mühle mit Stahlmahlwerk)
1   TL Vollmeersalz
1   EL Honig
30   ml weißer Balsamicoessig
40   ml Wasser

Alle Zutaten verrühren und 14 Tage zum Reifen stehen lassen. Fertig!

Wenn Ihnen der Senf zu scharf ist, stimmen sie ihn milder mit etwas mehr Honig.

Grundrezept für Gemüsebrühe

Im Laufe der Woche sammeln Sie Gemüse und Gemüsereste: Lauch – helle und dunkle Teile, Sellerieknolle, Sellerieblätter und -schale, Kohlrabi und zarte Kohlrabiblätter, Kohlrabischale, Weißkohlreste, Wirsing, Mohrrüben, Stangensellerie, Maggikraut, andere Küchenkräuter.
Im Kühlschrank aufbewahren.
Ist genügend beisammen, alles sehr, sehr fein schneiden oder mit entsprechender Maschine zerkleinern und mit Vollmeersalz mischen.
Auf 1 kg Gemüse„abfälle" kommen 100 g Vollmeersalz.

Die zerkleinerte Masse ist breiig und sieht grün aus.
Bitte keine Rote Bete verwenden (verfärbt alle Speisen), sondern vorwiegend „Grünzeug" und Küchenkräuter.
Danach in kleine Schraubgläser füllen und kühl stellen.
Hält sich mehrere Monate.

So haben schon unsere Großmütter vor 100 Jahren Gemüse konserviert.
Und nicht nur das. Auch Speck, Schinken und andere Fleischwaren wurden damals eingesalzen und geräuchert – „ohne Chemie".

Wenn Sie diese Gemüsewürze den Suppen oder Gerichten zusetzen, die Speise zunächst nicht salzen, wie im Rezept angegeben, denn die Gemüsewürze ist ja schon sehr salzig.

Variante:
Gemüse und Gemüseabfälle sammeln, im Kühlschrank aufbewahren.
Wenn genügend beisammen ist, ohne Salz in Wasser (bedeckt) 1–1½ Stunden kochen. Gemüsewasser auffangen, in Schraubgläser füllen, heiß verschließen. Die Brühe nicht bis zum Deckelrand einfüllen, sondern 2–3 Finger breit Platz lassen. Nach dem Abkühlen einfrieren. Sie verdirbt sonst, wenn sie nicht in wenigen Tagen verbraucht wird.
Diese Brühe bei Gebrauch nach Bedarf salzen.

Kräutersalz

Zutaten:

Estragon
Thymian
Majoran
Maggikraut
Rosmarin
Petersilie
Basilikum
Salbei
Vollmeersalz

Zubereitung:
Kräuter im Schatten luftig *sehr gut* trocknen lassen.
Danach von groben Stielen befreien, Blätter zwischen den Fingern fein zerrebbeln.
Im Verhältnis 1:1 Salz und Kräuter mischen.
Eventuell mit dem Mörser oder Zauberstab nachhelfen.
In sterile Schraubgläser füllen.
Trocken und kühl aufbewahren.

Saure Gurken

roh einlegen – schnell gemacht!

In diesem Sommer (August) verfiel ich dem Gurkenrausch. Und wer ist schuld daran? Natürlich Karl Friedrich Freiherr von Rumohr…

Er schreibt damals:
Größere, doch noch ungereifte Gurken, mit Fencheldill, mit Wein- und Kirschblüten unter eine Salzlake legen; sie einer leichten Gärung aussetzen, so dass sie die Mitte zwischen dem Salzigen und Essigsauren halten, gerade wie ein leckerhaftes Sauerkraut. Diese gesäuerten Gurken werden in Böhmen, in der Lausitz und in einem großen Teile des slawischen Nordens in großer Menge und ganz vortrefflich eingemacht … Dennoch gebe ich den holländischen Gurken den Vorzug…
… Man siedet hierauf starken Essig und gießt ihn wallend über jenes Eingelegte. Die nächsten Tage hindurch gießt man den Essig ab, um ihn von neuem zu sieden und wallend über die Gurken und deren Zubehör zu schütten. Endlich schmelzt oder bindet man das Gefäß recht fest zu und setzt es bis zum Verbrauch an einen kühlen und trockenen Ort.

Was damals klappte, muss doch auch heute noch gehen. Aus meiner Kindheit kenne ich noch die Gurken-Einkocherei in großen Zwei-Liter-Gläsern, die dann in den Weckapparat gestellt und bei Bullenhitze in der Küche eingeweckt wurden.
Warum so umständlich, wenn von Rumohr schon so einfache Sachen wusste. Also kaufte ich gleich einen halben Zentner Einlegegurken. Und tatsächlich, die Sache klappt. Ich lasse probieren, um zu testen, ob der Geschmack auch bei anderen ankommt. So einfach kann das doch nicht sein!!! Es schmeckt allen. Martina (Kollegin) sagt sogar: *Ja, meine Mutter kennt das Rezept auch so von früher.* Hätte ich das vorher gewusst, brauchte ich ja den guten alten Rumohr nicht zu bemühen.

Also, es geht tatsächlich total einfach:

Zutaten:
Kleine Gurken (Einlegegurken)
Dill oder Dillblüten
Zwiebeln
Lorbeerblätter
Pfefferkörner
Senfkörner
Meerrettichstange
Vollmeersalz
Honig
Apfelessig
Große (oder kleine) fest schließende Schraubgläser.

Zubereitung:
Gläser und Deckel sehr gut mit heißem Wasser spülen.
Mit kochendem Essigwasser (Essig und Wasser halb und halb) nachspülen.
Gurken waschen.
Mit sauberem Tuch abtrocknen.

Gurken mit den Gewürzen und zerschnittenen Zwiebeln in „sterile" Gläser schichten. Etwa 3 Finger breit (ca. 5 cm) zum Rand Platz lassen.
Mit kochendem Essigwasser übergießen.
Gurken müssen damit bedeckt sein.
Sofort verschließen.
Kühl stellen.

Essigwasser:
Essig und Wasser halb und halb mischen. Auf 1 l Flüssigkeit 1 gestrichener EL Vollmeersalz und 2–3 EL Honig. Alles verrühren und 5 Minuten kochen lassen.

Wichtig!
Nach 24 Stunden Flüssigkeit abgießen. Noch einmal zum Kochen bringen (ca. 5 Minuten) und danach wieder auf die Gurken füllen. Gurken müssen mit Flüssigkeit bedeckt sein. Gläser verschließen, abkühlen lassen und kühl aufbewahren.

Wer das Eingemachte nicht wie zu Omas Zeiten in einem dunklen, kühlen Keller oder in entsprechender Speisekammer (die gibt es leider kaum mehr) aufbewahren kann – weil die „modernen" Wohnungen so etwas nicht mehr haben, stellt kleinere Mengen nach Bedarf her. Zum Beispiel in Honiggläsern. Der Kühlschrank tut's dann auch.

Tipp:
Es können Zucchini zu den Gurken gegeben werden. Sie schmecken dann genauso wie die Gurken.

Gewürzmischung:
Für ein 2-Liter-Glas nehme ich 1–2 Lorbeerblätter, 1 Stückchen Meerrettich von ca. 3 cm Länge, 1 mittelgroße Zwiebel geviertelt bzw. grob zerschnitten, 1 TL Senfkörner, 1 TL Pfefferkörner, 1 Dillzweig. Als kein Dill vorhanden war, holte ich Fenchelblüten aus dem Garten.
In einige Gläser habe ich Basilikumblätter gelegt – er wuchert bei mir auf dem Fensterbrett wie im tiefsten Süden.

Ich kann Sie nur ermuntern, Gurken selbst einzulegen. Machen Sie das Rezept nach. Es geht wunderbar einfach und schmeckt wie zu Omas Zeiten – noch besser, da nicht weich gekocht, sondern knackig frisch!

Und Sie sind sicher, dass weder E-Nummern noch jodiertes Salz noch Fabrikzucker drin ist oder andere undefinierbare Konservierungsstoffe.

Guten Appetit! Die Gurken können sofort nach dem Abkühlen verzehrt werden.

Senfgurken

Reife gelbe Gurken schälen, längs halbieren. Kerne mit einem Löffel herausnehmen, so dass nur das feste Fruchtfleisch bleibt.
Die Gurken in ca. 2–3 cm breite Stücke schneiden.
Mit Senfkörnern in „steriles" Schraubglas schichten.

Mit kochendem Essigwasser – wie bei saurer Gurken – übergießen. Das Wasser muss überstehen.
Gläser verschließen.

Wichtig:
Nach 24 Stunden Flüssigkeit abgießen, 5 Minuten kochen lassen und wieder kochendheiß über die Gurken gießen. Sofort verschließen. Kühl stellen.

So können Sie auch Mixed Pickles herstellen

Salzgurken

Damit die Liebhaber von Salzgurken nicht zu kurz kommen, hier ein Rezept, nach dem Gisela und Karl (in unserer Verwandtschaft) mit Erfolg Gurken einlegen. Wir haben sie probiert und für sehr gut befunden.

Zutaten:

1,5 kg	Einlegegurken, waschen und trocknen
75 g	Vollmeersalz
1	Handvoll Weinblätter
	Dill
	Estragon
6	Knoblauchzehen
1 EL	schwarze Pfefferkörner
1,5 l	Wasser

Sehr sauberes Gefäß zum Einlegen. Am besten ein Steintopf mit Deckel und Steinen zum Beschweren.
Gefäß sehr gut säubern, am besten nach der Reinigung noch einmal mit kochendem Essigwasser ausspülen.
Weinblätter abspülen, abtrocknen.

Zubereitung:
1,5 l Wasser mit Salz aufkochen und abkühlen lassen.
Boden des Steinguttopfs mit Weinblättern bedecken.
Die sauberen trockenen Gurken mit den Kräutern und Gewürzen (ohne den schwarzen Pfeffer) in das Gefäß schichten.
Mit abgekühltem Salzwasser übergießen.
Das Wasser muss über den Gurken stehen.
Jetzt erst mit Pfefferkörnern bestreuen.
Mit Weinblättern bedecken.
Mit sauberen Steinen beschweren.
Das Wasser steht über den Steinen.
Früher legte man noch einen sauberen

Holzrost oder ein Holzbrett unter die Steine, damit alles flächig unter Wasser steht.

Zwei Tage den Topf offen im kühlen Keller stehen lassen.
Wenn sich Schaum bildet, zwischendurch abschöpfen.
Nun den Deckel auflegen.
Falls der Steintopf eine Wasserrille hat, *kein* Wasser einfüllen! Die Gurken brauchen Luft!
Falls kein Deckel vorhanden ist, Gefäß mit Zellophan verschließen und Löcher mit der Nadel in die Folie pieken.
Oder das Gefäß mit einem sauberen Leintuch oder Geschirrtuch abdecken.

Nach drei Wochen können die Gurken gegessen werden.

Sauerkraut im Fass

Zutaten:

Weißkohl
Vollmeersalz
Wacholderbeeren
Lorbeerblätter
Nelken
Steintopf mit Deckel und Wasserrille, dazu passende Steine zum Beschweren.
Die Größe des Topfes nach Ihrem Bedarf wählen.

Zubereitung:
Weißkohl mittelfein hobeln. Mit Salz gut vermischen.
Auf 1 kg Kohl 20 g Salz!
Eine Stunde stehen lassen, damit er Saft zieht.

Danach lagenweise mit den Gewürzen in sehr sauberen Steintopf füllen.
Mit der Faust festdrücken.
Mit dem Weißkohlsaft übergießen.
Nochmals fest zusammendrücken und mit sauberen Steinen beschweren.
Es ist so viel Saft entstanden, dass die Flüssigkeit über den Steinen steht!
Deckel aufsetzen. In die Rille kaltes Wasser füllen.
In kühlen Keller stellen.
Das Kraut ist nach 6 Wochen fertig.

Tipp:
Ab und zu – besonders in den warmen Sommermonaten – in den Topf sehen, ob noch genügend Saft über den Steinen steht. Ist dies nicht der Fall mit abgekochtem, abgekühltem Salzwasser nachfüllen, bis die Steine überdeckt sind.
Menge: Auf 1 l Wasser 20 g Salz zum Kochen bringen.

Falls sich eine weiße schmierige Schicht abgesetzt hat (vorwiegend Milchsäurebakterien), bitte nicht entfernen. Ist nichts Ungesundes!
Erst wenn Sie das Kraut zum Verzehr benötigen, nehmen Sie diesen Belag ab.

Wenn Sie laufend Kraut entnehmen, immer darauf achten, dass die Krautoberfläche wieder glatt gestrichen wird und die Steine gut liegen und mit Sauerkrautsaft bedeckt sind.
Das Wasser in der Deckelrille ab und zu nachfüllen.

Tomaten in Olivenöl

Von unserem türkischen Gemüsehändler bekam ich folgendes Rezept:

Zutaten:
2 l Wasser mit ¼ l Weißwein und ⅛ l Weißweinessig aufkochen lassen.
500 g getrocknete Tomaten hineingeben und vom Herd nehmen.
5 Minuten ziehen lassen.
Den Sud abgießen und die Tomaten 4–5 Stunden ohne Druck im Sieb abtropfen lassen.
Die Tomaten in Gläser geben, mit Kräutern nach Wunsch würzen (zum Beispiel Basilikum, Salbei, Oregano oder Rosmarin) und mit gutem Olivenöl bedecken. Verschließen. Kühl stellen.
Wichtig ist bei der „Konservierung mit Öl", dass das Öl über dem Gemüse steht, es also gut fingerbreit bedeckt ist.

Noch schneller geht es, wenn Sie die Tomaten kurz mit heißem Wasser abspülen, mit Küchenkrepp abtupfen und sofort in Öl einlegen.

Knoblauch in Öl

Knoblauchzehen pellen. Sehr, sehr fein schneiden!
In Schraubgläser füllen.
Mit Olivenöl übergießen, so dass das „Eingemachte" gut bedeckt ist.
Öl soll ca. 1–2 cm überstehen.
Verschließen. Kühl stellen.

Paniermehl

Machen Sie aus getrocknetem Brot und alten Brötchen Paniermehl. Auf Rost flach auslegen, um Schimmelbildung zu vermeiden. Je trockener, um so besser lässt das Brot sich reiben. Mit der Hand reiben (Kartoffelreibe) oder durch die kleine Lochtrommel der elektrisch betriebenen Gemüseraffel geben oder im Mixer zerkleinern. Trocken aufbewahren.

Geröstete Brotwürfel

Übrig gebliebene Brotscheiben oder Brötchen in Würfel schneiden, luftig trocknen lassen. Bei Bedarf in wenig Butter und Öl hellbraun braten.
Über Gemüsegerichte und Suppen streuen.

Hagebutten mit Honig

Wer Spaß am „Selbstgemachten" hat, sollte Hagebutten sammeln, um Marmelade und Tee daraus zu bereiten. Zugegeben, es ist eine mühsame Arbeit, sie zu entkernen. Aber es lohnt sich, zählen sie doch zu den Vitamin-C-reichsten Früchten und enthalten auch eine Reihe anderer wichtiger biologischer Wirkstoffe.
Stiel und Blütenansatz mit einem scharfen Messer entfernen. Die Hagebutten dann der Länge nach halbieren – am besten nicht „über den Daumen schneiden", sonst ist der Daumen bald lädiert, sondern auf einem großen Brett.
Den kernigen Inhalt mit einem normalen Messer oder schmal zulaufenden Löffel herauskratzen.

Zerkleinerte Hagebutten im Mixer pürieren (früher, als es noch keinen Mixer gab, drehte man sie durch den Fleischwolf). Mit Honig – halb und halb – vermischen. In gut gereinigte Schraubgläser füllen. Die Fruchtmasse mit Honig bedeckt halten. Gläser verschließen und kühl stellen.

Schmeckt sehr gut als Brotaufstrich.

Variation:
Aufstrich vor dem Verzehr mit Zimt, Vanille oder Ingwer würzen.
Oder einige Stückchen Orange pürieren und untermischen.
Oder mit etwas Zitronat oder Orangeat abschmecken (s. S. 80).

Schlusswort

Liebe Leserin, lieber Leser,

vielleicht haben Sie sich bis zur letzten Seite durchgelesen und durchgearbeitet. Möglicherweise haben Sie weitere einfache Rezeptvorschläge für den Alltag. Bitte schreiben Sie mir dann. Wenn Sie einverstanden sind, veröffentlichen wir Ihre Ideen in einer der nächsten Auflagen.

Dr. M. O. Bruker verehrte Prof. Dr. August Bier. Er hörte ihn während des Studiums an der Charité in Berlin und zitierte ihn gern: „Alles Große ist einfach!"
Das gilt besonders für die tägliche Nahrung. Und was macht die sogenannte zivilisierte Welt damit?

Am 24. Mai 2002 gegen 22 Uhr geriet ich zufällig in den Schlussteil einer Fernsehsendung über Insekten. Nein, nicht die Faszination, die von diesen Tieren ausgeht, zeigte man, sondern deren Verzehrmöglichkeiten hier bei uns in der Bundesrepublik! Insekten sind interessante Kleinstlebewesen. Mehr als eine Million Exemplare soll es auf dieser Welt geben. Als Kind beobachtete ich fasziniert tief tanzende Mückenschwärme im Abendsonnenschein – „Dann gibt es morgen Regen", sagte meine Großmutter – , Libellen, Schmetterlinge, Heuhüpfer, Ameisenstraßen und deren kunstvolle Bauwerke im Wald...

Ich traute meinen Augen und Ohren nicht, als ich den Ansager in dieser Fernsehsendung hörte. Original-Ton: „Der Trend geht dahin, dass Leute erfahrbare Esserlebnisse kaufen möchten." Und: „Insekten sind *die* wertvolle Eiweißquelle der Zukunft ... Weltweit werden 1400 Insektenarten gegessen ... Insekten können auch bei uns Hauptnahrungsbestandteil werden."

Die TV-Sendung führte Kinder vor, die mit Genuss durchsichtige Lollis lutschten, in die Insekten eingeschmolzen waren – zum Verzehr! Als „erfahrbares Esserlebnis"! Die Sendung zeigte Gäste in Insektenrestaurants, die Heuschrecken in Curryreis verzehrten, Ameisensuppe und andere geröstete Kleinstlebewesen.

„Demnächst ist das erste Insektenkochbuch am Markt", so der Moderator.
Es wirkte grotesk und scheinheilig, als er zur Begründung für diese „Edel-Fresswelle" die Bibel heranzog und behauptete, dort seien ja auch schon Heuschrecken und Manna als Nahrung angegeben worden. Nur – wir leben hier in der westlichen Wohlstandswelt. Wir ziehen nicht durch die Wüste wie das Volk Israel. Wir leiden keinen Hunger. Wir sind übersatt.

Ich schaltete um auf einen anderen Kanal. Eigentlich wollte ich ja nur Nachrichten und Wetterbericht hören. Ich geriet in das „Nachtcafé" im Südwestfunk von Wieland Backes. Es ging um die gesetzliche Freigabe von Cannabis (Hanf). Der Richter Andreas Müller sagte dazu: „Jeder hat das Recht auf Rausch – das vertrete ich." Der Sohn der Schauspielerin Uschi Glas, Benjamin

Tewaag (26 Jahre), verkündete: „Ich finde es richtig, sämtliche Arten von Trieben auszuleben."

Genau das ist es offensichtlich. Die meisten Menschen unserer Gesellschaft leben im Überfluss und Überdruss. Die Ernährungsgewohnheiten sind in allen sogenannten zivilisierten Ländern gekennzeichnet vom „Mangel im Überfluss". Weltweit essen alle Menschen einheitlich hergestellte Nahrungsmittel, nämlich Konserven, Präparate, Imitate. Nur noch 3 Prozent der Lebensmittel, die der Bauer anbaut, gelangen direkt zum Verbraucher, 97 Prozent landen in den Fressmaschinen der Nahrungsmittelindustrie. Dort werden sie so „veredelt", dass von Natürlichkeit und Frische nichts mehr bleibt.

Alle Fabriknahrungsmittel sind – ohne Ausnahme! – gekennzeichnet durch einen Mangel an natürlichen lebens- und gesundheitsnotwendigen Vitalstoffen (biologischen Wirkstoffen).

Dieser Mangel ist die Ursache der ernährungsbedingten Zivilisationskrankheiten. Kostenfaktor in der Bundesrepublik Deutschland: 80–120 Milliarden Euro jährlich.

Die Bevölkerung isst heute etwa zehnmal mehr Fleisch (und Wurst) als vor 100 Jahren. Es ist absurd, nun auch den Verzehr von Insekten mit der Begründung zu empfehlen, sie seien eine wichtige Eiweißquelle. Wir führen uns, auch ohne Insekten, ausreichend Eiweiß zu.
Wer Fleisch essen möchte und keine ethischen oder gesundheitlichen Bedenken hat, kann dies tun. Aber die Begründung, nur Fleisch biete alle notwendigen Aminosäuren, Vitamin B 12 und Eisen ausreichend, ist falsch. Alle Pflanzen enthalten alle essentiellen Aminosäuren (Eiweißbausteine). Auch die Vitamin B 12- und Eisenversorgung ist mit einer vitalstoffreichen Vollwertkost gewährleistet.

Folge der bisherigen Eiweißmast sind Stoffwechselstörungen. Prof. Dr. Lothar Wendt bezeichnete sie als *Eiweißspeicherkrankheiten* – Ablagerungen auf der Basalmembran der Kapillaren. Angegessene Wohlstandskrankheiten.

Jedes vierte Kind bei uns ist zu dick. In den USA haben 60 Prozent der Erwachsenen Übergewicht (Fettsucht, Adipositas). Etwa 800 Millionen hungernde Menschen gibt es weltweit. Ihnen stehen mehr als eine Milliarde Übergewichtige gegenüber.
Dr. Max Otto Bruker schreibt in seinem Standardwerk „Unsere Nahrung – unser Schicksal": *Von 300 im Vietnamkrieg gefallenen amerikanischen Soldaten im Durchschnittsalter von 27 Jahren wiesen 77 Prozent Merkmale einer Arteriosklerose auf. Früher befanden sich bei Sektionen Gleichaltriger niemals derartige Veränderungen.* Der Vietnamkrieg fand 1964–1975 statt.

In den USA fanden Kardiologen 1990 bei jedem dritten Kind Ablagerungen an den Gefäßwänden – schon im Alter von unter fünf Jahren. In der Bundesrepublik steht Herzinfarkt an erster Stelle der Todesstatistik. Wieviel muss eigentlich noch passieren? Diese Schreckensmeldungen, gekoppelt mit echter Aufklärung über die Verhütung ernährungsbedingter Zivilisationskrankheiten, müssten doch täglich von den für Gesundheitsfragen zuständigen „offiziellen Stellen" gesendet werden. Doch aus Rücksichtnahme gegenüber den Profitinteressen der Nahrungsmittelkonzerne, die Steuern zahlen und den Medien Werbeeinnahmen in Milliardenhöhe bescheren, schweigen die Verantwortlichen. Sie überlassen den Normalverbraucher dem Dämmerschlaf. Sie verhindern gezielt echte Information. Gesundheit ist aber ein Informationsproblem.

Am 29. 8. 2002 berichtete die FAZ: „Cola, Limonade und andere zuckerhaltigen Getränke sollen bald nicht mehr in Schulen in Los Angeles verkauft werden können. Damit will der Bezirk gegen das Übergewicht vieler Schüler kämpfen. An den Grundschulen sind Automaten mit Sodagetränken schon verboten. Wasser, Milch und Fruchtgetränke sollen die kalorienreichen Getränke in Zukunft ersetzen."

Was das Essen betrifft, müssen Sie nicht mehr auf Aufklärung „von oben" warten. Nehmen Sie Ihre Gesundheit selbst in die Hand. Das Rüstzeug dazu bieten wir Ihnen im Dr.-Max-Otto-Bruker-Haus in Lahnstein.

Ihre
Ilse Gutjahr

Ein Verlag, ein Haus, eine Philosophie

Millionen Bundesbürger kennen den kämpferischen Ganzheitsarzt Dr. Max Otto Bruker (1909–2001) aus dem Fernsehen, aus Vorträgen, durch den „Mundfunk" überzeugter Patienten. Vor allem lesen sie aber die rund 30 Bücher des schwäbischen Humanisten und Seelenarztes. Mit einer Gesamtauflage von über drei Millionen Exemplaren ist Max Otto Bruker der wohl bedeutendste medizinische Erfolgsautor im deutschsprachigen Raum. Der – in der Nachfolge des Schweizer Reformarztes Bircher-Benner scherzhaft „Deutschlands Vollwertpapst" genannte – Massenaufklärer, langjährige Klinikchef und Ernährungsspezialist lehrt zwei fundamentale Erkenntnisse Patienten wie Gesunden: Der Mensch wird krank, weil er sich falsch ernährt. Der Mensch wird krank, weil er falsch lebt.

Hinter den Erfolgstiteln des emu-Verlages steht ein bedeutender Forscher und Arzt, eine Bewegung, ein Haus und tausende Schülerinnen und Schüler. 1994 wurde das „Dr.-Max-Otto-Bruker-Haus", das Zentrum für Gesundheit und ganzheitliche Lebensweise, auf der Lahnhöhe in Lahnstein bei Koblenz bezogen. Es stellt die äußere Krönung des Brukerschen Lebenswerkes dar: Der lichte Bau mit seinem Grasdach, den Sonnenkollektoren, seinen Seminarräumen, dem Foyer mit der Glaskuppel, dem liebevollen Biogarten, dem „Raum der Stille" und der Kneippanlage ist als Treffpunkt für all jene konzipiert, denen körperliche und seelische Gesundheit, ökologische und spirituelle Harmonie Herzensbedürfnis und Sehnsucht sind.

Hinter dem eleganten Halbmondkorpus mit dem markanten Grasdach verbirgt sich eine Begegnungsstätte für Gesundheitsbewusste, Seminarteilnehmer, Trost-, Ruhe- und Anregungsbedürftige.

Feste Termine:
Jeden Montag, 19.00 Uhr: Gesprächskreis Lebensberatung mit Dipl.-Psych. Hassan El Khomri
Jeden Dienstag, 18.30 Uhr: Vortrag Dr. phil. Mathias Jung (Lebenshilfe und Philosophie)
Jeden Mittwoch, 10.30 Uhr: Fragestunde mit Dr. med. Jürgen Birmanns (Ärztlicher Rat aus ganzheitlicher Sicht)

Das Dr.-Max-Otto-Bruker-Haus

Ausbildung Gesundheitsberater/in GGB
Lebensberatung/Frauen-, Männer- und Paargruppen

Die vitalstoffreiche Vollwertkost hat ihre Verbreitung, auch im klinischen Bereich, durch die unermüdliche Information und praktische Durchführung von Dr. M. O. Bruker gefunden. Um die Erkenntnisse gesunder Lebensführung und die durch falsche Ernährung provozierte Krankheitslawine ins öffentliche Bewusstsein zu rücken, bildet die von ihm 1978 gegründete „Gesellschaft für Gesundheitsberatung GGB e.V." ärztlich geprüfte Gesundheitsberaterinnen und Gesundheitsberater GGB aus. Über 5000 Frauen und Männer haben bislang die berufsbegleitende Ausbildung bestanden. Sie wirken in Volkshochschulen, Bioläden, Lehrküchen, Krankenhäusern, ärztlichen Praxen, Krankenversicherungen und ähnlichen Bereichen.

Auf der Lahnhöhe erhalten sie durch das GGB-Expertenteam nicht nur eine sorgfältige Grundlagenausbildung über die vitalstoffreiche Vollwerternährung und den Krankmacher der „entnatürlichten" (denaturierten) Zivilisationsernährung (raffinierter Fabrikzucker, Auszugsmehle, fabrikatorische Öle und Fette, usw.), sondern gewinnen auch Einblick in die leibseelischen Zusammenhänge der Krankheiten.

Praxisseminare/Kochkurse

Das Dr.-Max-Otto-Bruker-Haus verfügt über eine Lehrküche sowie einen großen Kräutergarten. Hier werden zahlreiche vegetarische Koch- und Backkurse für eine moderne vitalstoffreiche Vollwertkost angeboten. Der Schwerpunkt liegt auf einer „alltagstauglichen", aber dennoch fantasievollen, gesunden Ernährung.

Das Programm umfasst Einführungskurse in die vitalstoffreiche Vollwertkost, Brotbackkurse, Männerkochkurse, Weihnachtsbäckerei, einen Kurs „Kaltes Büfett" und seit 2011 auch Wildkräuterseminare (incl. Zubereitung von Wildkräutergerichten).

Anfragen zur Gesundheitsberater-Ausbildung wie zu allen weiteren Seminaren, den Selbsterfahrungsgruppen, Lebensberatung, Gestalt- und Paartherapie bei Dr. Mathias Jung und weiteren Tages- und Wochenendseminaren sowie Einzelberatung sind zu richten an die Gesellschaft für Gesundheitsberatung GGB e.V., Dr.-Max-Otto-Bruker-Str. 3, 56112 Lahnstein
(Tel.: 0 26 21/91 70 10, 91 70 17, 91 70 18, Fax: 0 26 21/91 70 33).
E-Mail: seminare@ggb-lahnstein.de
Internet: www.ggb-lahnstein.de

Fordern Sie ebenfalls ein kostenloses Probe-Exemplar der Zeitschrift „Der Gesundheitsberater" an.

Weitere Bücher aus dem emu-Verlag

Ilse Gutjahr
Mit Vollkorn in Bestform
ISBN 978-3-89189-203-9

Ilse Gutjahr / Christel Beck
Einfach selbst gemacht
ISBN 978-3-89189-206-0

Ilse Gutjahr/Erika Richter Streicheleinheiten
ISBN 978-3-89189-063-9

Ilse Gutjahr/Erika Richter Mehr Streicheleinheiten
ISBN 978-3-89189-170-4

Waltraud Becker Lust ohne Reue
ISBN 978-3-89189-068-4

Doris Böge/Kirsten Christoff fantastisch frisch!
ISBN 978-3-89189-134-6

Ilse Gutjahr/Erika Richter   Brot backen
ISBN 978-3-89189-113-1

Waltraud Becker   Korngesund
ISBN 978-3-89189-105-6

Gertrud Gummerer/Wilma Taibon   HochGenuss
ISBN 978-3-89189-171-1

Alexandra Eideloth/Kornelia Müller   Süße Träume
ISBN 978-3-89189-193-3

Ilse Gutjahr   Iss, mein Kind!
ISBN 978-3-89189-064-6

Helma Danner   Das große Bio-Kochbuch für Kinder
ISBN 978-3-89189-192-6

Ilse Gutjahr   Vollwertkost ohne tierisches Eiweiß
ISBN 978-3-89189-019-6

Ilse Gutjahr   Vollwertkost zum Kennenlernen
ISBN 978-3-89189-075-2

Margarete Vogl
Margarete Vogls kleiner Wildkräuterführer
ISBN 978-3-89189-198-8

Margarete Vogl   Wilde Köstlichkeiten
ISBN 978-3-89189-186-5

Ilse Gutjahr
Das große Dr. M. O. Bruker Ernährungsbuch
ISBN 978-3-89189-065-3

Dr. med. M. O. Bruker

Unsere Nahrung – unser Schicksal

Alles über Ursachen, Verhütung und Heilbarkeit ernährungsbedingter Zivilisationskrankheiten

emu verlag

Dr. med. M. O. Bruker
Unsere Nahrung – unser Schicksal
ISBN 978-3-89189-003-5